Aktien für Einsteiger:
Der leichte Einstieg in die Börse und den Handel mit Aktien. Schritt für Schritt von der Depot-Eröffnung zum optimalen Depot.

Tom Freidel

Inhaltsverzeichnis

Einleitung 1
1 Der Handel mit Aktien 7
   1.1 Aktien als alternative Sparanlage 7
   1.2 Was sind Aktien? 9
   1.3 Die Anfänge der Aktien in Deutschland 10
   1.4 Wer kann Aktien herausgeben? 12
2. Persönliche Voraussetzungen 13
   2.1 Erfordert die Geldanlage in Aktien bzw. Fonds gute wirtschaftliche Kenntnisse? 13
   2.2 Grundgerüst der Börse verstehen 14
   2.3 Gesellschaftliche Akzeptanz 15
   2.4 Unternehmensbewertung (Marktkapitalisierung) 17
   2.5 Persönlicher Kapitalbedarf 19
   2.6 Trading vs. Investieren 22
3. Fragen vor der Depoteröffnung 28
   3.1 Was ist ein Wertpapierdepot? 28
   3.2 Online oder Hausbank? 28
   3.3 Welche Kosten und Gebühren fallen an? 30
   3.4 Welche weiteren Gebühren muss ein Anleger tragen? 31
   3.5 Welche Handelsplätze und Produktpaletten will ich nutzen? .. 34
   3.6 Was ist die Einlagensicherung? 35
4. Depoteröffnung 37
   4.1 In 2 Schritten zum eigenen Wertpapierdepot 37
   4.2 Schritt 1: Online-Eröffnungsantrag ausfüllen 37

4.3 Schritt 2: Post Ident- oder Video Ident-Verfahren zur Legitimation 38
5. Persönliches Anlageziel klar definieren... 41
   5.1 Wieviel Geld steht Ihnen für den Aktienkauf zur Verfügung? 41
   5.2 Welches Risiko sind Sie bereit einzugehen? 43
   5.3 Welche mögliche Rendite erhoffen Sie sich? 45
6. Wertpapierdepot optimal zusammenstellen................................... 46
   6.1 Vorher ausführlich informieren... 46
   6.2 Aktien beobachten... 48
   6.3 Der erste Aktienkauf 50
      6.3.1 Wertpapierkennnummer.. 50
      6.3.2 Handelsplatz... 51
      6.3.3 Orderaufgabe 53
      6.3.4 Depotentwicklung weiter genau beobachten.................... 55
7. Aktien-Strategien 57
   7.1 Gewinne laufen lassen, Verluste begrenzen 57
   7.2 The Trend is your friend 58
   7.3 Passiv investieren 60
   7.4 Sell in May and go away 61
   7.5 Technische Analyse 62
   7.6 Fundamentalanalyse.. 63
8. Aktiengewinne versteuern 65
Schlusswort 67

Einleitung

Wer Aktien besitzt, gilt mitunter als skrupelloser Zocker. Derjenige, der sich jedoch vernünftig mit dem Thema auseinandersetzt, wird verstehen, dass es nicht nur um Habgier, Spekulation und das schnelle Geld verdienen geht. Viele Menschen denken, die Börse sei nichts anderes als ein riesiges Spielkasino. Und so tragen Spekulanten und Betrüger weiter dazu bei, ihren schlechten Ruf zu pflegen. Doch Aktien und die Börse sind besser als ihr Ruf. Sie sind sogar unverzichtbar für jede Volkswirtschaft.

Der Börse gebührt dabei ein hohes Ansehen. Sie ist wichtig für Unternehmen, für Privatanleger und sogar für die ganze Gesellschaft. Natürlich gibt es Zocker überall und so auch an der Börse. Menschen, die nichts anderes im Sinn haben, als schnell reich zu werden, sitzen schönen Versprechungen und dubiosen Aktien-Tipps auf, die mit haushohen Gewinnen in kürzester Zeit locken. Doch so haben sich immer wieder Menschen an der Börse verspekuliert, viel Geld verloren und sich manchmal gar vollkommen verschuldet. Einige Zocker und skrupellose Bankmanager brachten sogar ganze Volkswirtschaften in Gefahr und stürzten sie in die Finanzkrise. Kein Wunder, dass so viele Leute vor Aktien zurückschrecken. Denn der Gewinn des einen ist zwangsweise der Verlust eines anderen.

Die meisten Deutschen meiden daher Aktien. Einigen mangelt es am nötigen Kapital, anderen an der Zeit und wieder andere lehnen Aktien auch grundsätzlich ab. Dabei verfügen die Deutschen im Durchschnitt über ein Privatvermögen von 60.000 Euro pro Person – insgesamt mehr als fünf Billionen Euro. Genug Geld um es in Aktien zu investieren wäre also grundsätzlich irgendwo da.

Allein den 50 größten deutschen Aktiengesellschaften wird derzeit laut Forbes Global 2000 Liste ein Marktwert von über 1250 Milliarden Dollar zugemessen. Nicht einmal die Hälfte davon ist jedoch in deutschem Anleger-Besitz. Nur etwa 5-10 Prozent der Deutschen sind Aktionäre. Zudem ist die Zahl der Aktionäre und Aktienfondsbesitzer 2017 erneut gesunken. Viele Deutsche meiden die Börse und parken ihr Geld lieber auf dem Sparbuch, auch wenn es dort kaum Zinsen gibt. Nach den schlechten Erfahrungen, die viele Anleger mit dem Platzen der Dot Com-Blase um die Jahrtausendwende gemacht haben, halten sich viele Privatanleger bis heute mit weiteren Börseninvestitionen zurück. Dies ist sowohl für die Deutschen als Anleger wie auch für die Deutschen als Arbeitnehmer, Rentner, Steuerzahler und Konsumenten von Nachteil.

Keine Anlageform ist so ertragreich wie die Aktie. Die Beteiligung am Produktivkapital der Unternehmen hat im Jahresdurchschnitt der letzten zehn Jahre dank Dividenden und Kursgewinne eine Rendite von über 9 Prozent im Jahr gebracht. Dies ist mehr als bei allen anderen Anlageformen, allerdings müssen Anleger dafür auch ein höheres Risiko in Kauf nehmen. So kann es mitunter vorkommen, dass einzelne Aktien nahezu wertlos werden und auch der gesamte Aktienmarkt war gerade in den vergangenen Jahren erheblichen Kursschwankungen unterworfen. Nachhaltig orientierte Anleger setzen daher auf den langfristigen Erfolg eines Unternehmens und fahren damit in der Regel besser.

Aktien für Einsteiger

Die Börse erfüllt daneben weitere wichtige Funktionen in der Gesellschaft. Dazu gehört beispielsweise, dass die breite Masse der Gesellschaft am globalen oder nationalen Wirtschaftswachstum überhaupt erst teilhaben kann. Da Aktien auch für den kleinen Geldbeutel erschwinglich sind, kann heutzutage jeder als Anteilseigner bei einem Unternehmen einsteigen. Einige Konzerne fördern dies sogar insoweit, dass sie Unternehmensanteile in Form von Aktien an Ihre Mitarbeiter ausgeben. So werden Angestellte zu Miteigentümern der Firma, für die sie arbeiten.

Die Börse ist außerdem nachweislich förderlich für die gesamte wirtschaftliche Gemengelage. Firmen können sich am Kapitalmarkt vergleichsweise einfach und günstig frisches Kapital beschaffen, ohne den umständlichen und teureren Weg eines Bankkredits auf sich zu nehmen. Dieses Kapital können sie anschließend wieder in die Firma investieren, neue Produkte herstellen, Erfindungen machen und Arbeitsplätze schaffen. Damit fördert die Börse gleichzeitig das Wirtschaftswachstum und wirkt nachhaltig auf die gesamte konjunkturelle Lage ein. Siemens oder Ford sind nur zwei der bekannten Aktiengesellschaften, die um 1900 entstanden sind und deren Gründung ein erheblicher technischer Fortschritt zu verdanken ist. Und auch der Staat hat einen Vorteil dadurch. Denn neben der Strahlkraft als profitabler Wirtschaftsstandort geben auch Staaten so genannte Staatsanleihen heraus und finanzieren einen Teil Ihrer Ausgaben dadurch.

Die Geldpolitik der Zentralbanken, die weiter billiges Geld drucken und unter Umständen auch unbegrenzt die ausgegebenen Staatsanleihen aufkaufen wollen, hat jedoch auch einen unangenehmen Nebeneffekt für Sparer: Weil die Zinsen ein historisch niedriges Niveau erreicht haben, werfen festverzinsliche Anlagen kaum noch etwas ab. Zehnjährige Bundesanleihen mit 1,5 Prozent Rendite schaffen es nicht annähernd die Inflation auszugleichen. Und wer sein Geld auf dem Konto oder dem Sparbuch liegen lässt, verliert noch schneller an Kaufkraft. Auch eine Lebensversicherung mit Garantiezinsen von 1,75 Prozent kann die Inflationsrate von 2,5 Prozent nicht mehr ausgleichen. Der Mangel an Alternativen lässt Aktien auf einmal wieder attraktiv erscheinen, die Gewinnausschüttungen der Unternehmen bringen verlässliche Erträge sogar unabhängig von der Kursentwicklung.

Die Wertpapierbörsen dieser Welt sind somit ein wichtiger Bestandteil unserer modernen Gesellschaft und gelten als Vermittlungsstelle von Unternehmern, Investoren und Kleinanlegern. Ohne diese Vermittlerfunktion würden sich Kapitalgeber und -nehmer nur schwer finden. Auch Anteilseigner, die ihre Aktien wieder verkaufen wollen, hätten es ohne die Börse schwer. Sie müssten auf direktem Weg zusammenkommen. Ein heilloses Durcheinander im täglichen Umgang wäre daraufhin die Folge. Die Börse sorgt also für Ordnung und Transparenz. Sie stellt den Aktienmarkt auf eine breite Basis, so dass der Wert der Aktien durch eine größere Anzahl von Menschen bestimmt werden kann. Anleger erfahren so eine gewisse Sicherheit, aber auch Regulation. Anleger könnten sich bei ihren Kauf- und Verkaufsaufträgen darauf verlassen, dass die Börse als übergeordnete Instanz die Kontrollfunktion innehat und dafür sorgt, dass Betrüger eben keine Chance haben.

Für viele Menschen ist die Börse leider jedoch ein unverständliches Durcheinander aus Fachchinesisch und kurvigen Linien. Das muss aber nicht sein. In den Handelssälen dieser Welt geht es oft wie auf dem orientalischen Basar oder Wochenmarkt zu. Dennoch hängt an Aktien kein Preisschild dran. An der Börse wird der Preis von Angebot und Nachfrage bestimmt. Das ist vergleichbar wie auf jedem Markt und das ist auch an der Börse so. Denn, je nach Höhe von Angebot und Nachfrage kommt ein Preis nur zustande, wenn Verkäufer und Käufer sich einig sind. An den Börsen dieser Welt wird jedoch nicht mit Obst und Gemüse gehandelt, sondern vor allem mit Aktien. Die Welt der Finanzprodukte ist bunt und vielfältig und so gibt es neben der bekanntesten Anlageform auch Schuldscheine von Unternehmen oder Staaten. Auch gibt es spezielle Rohstoffbörsen, an denen Sie Gold, Silber oder Platin sowie Nahrungsmittel wie Schweinebäuche, Kaffee oder Kakao handeln können.

Und noch einen wichtigen Unterschied gibt es zwischen Wochenmärkten und der Börse: Während auf dem Markt nach einem Kauf tatsächlich Waren den Besitzer wechseln, gibt es „Aktien zum Anfassen" nur noch sehr selten. Alles läuft heutzutage nur noch elektronisch. An den Börsen dieser Welt sind die Waren, die dort von Händlern gekauft und verkauft werden, nicht mehr präsent. Und selbst die Händler sind häufig nicht mehr vor Ort, sondern handeln Wertpapiere in Form von Aktien mittlerweile virtuell.

Wie genau ein Wertpapier den Besitzer wechselt und dem Depot des neuen Besitzers gutgeschrieben wird, dass erfahren Sie in diesem Buch. Parallel dazu beschäftigen wir uns mit den Anfängen der Aktien und der Börsen und natürlich auch damit, wie Sie Ihr erstes Depot einrichten. Sie werden lernen, was Aktien üblicherweise sind und worauf Sie beim Kauf unbedingt achten sollten.

Tom Freidel

Darüber hinaus geht dieses Buch auf Ihre persönlichen Voraussetzungen ein, gibt Rat bei der Zusammenstellung Ihres ersten Depots und zeigt ausführliche Schritte und Anlagestrategien vor und nach dem Aktienkauf auf. So können Sie sicher und gut vorbereitet Ihr Aktiendepot eröffnen und auf Ihren ersten Aktienkauf blicken.

1 Der Handel mit Aktien

1.1 Aktien als alternative Sparanlage

Die Zinsen für Sparanlagen liegen in Deutschland seit Jahren auf einem historischen Tiefpunkt. Verzinste Vermögenswerte wie Sparbücher, Fest- oder Tagesgeldkonten gelten zwar immer noch als sichere Anlagen, die niedrigen Zinsen gleichen den *Kaufkraftverlust* des Geldes (= *Inflation*) jedoch kaum wieder aus. Wenn Sie vor einem Jahr beim Bäcker Ihr Brötchen noch für einen Euro bekamen, so kann es sein, dass Sie dieses Jahr schon 1,03 Euro und nächstes Jahr 1,06 Euro dafür bezahlen müssen. Nun wird nicht alles teurer - Ihr Geld verliert aber an Kaufkraft, ergo an Wert. Und dabei kann die gefühlte Inflation noch deutlich höher ausfallen, als der gemittelte Bundesdurchschnitt, wenn Sie beispielsweise Produkte einer bestimmten Kategorie besonders häufig kaufen müssen (etwa Produkte, die starken Preisschwankungen unterliegen, wie Benzin, Baustoffe, Kaffee, Kakao und andere Agrar-Rohstoffe).

Als Alternative für Zinssparer bieten sich daher der Erwerb von Unternehmensanteilen, also Aktien, an. Dank der anhaltenden niedrigen Zinspolitik sind immer mehr Anleger bereit, Anteile an börsenorientierten Unternehmen zu kaufen. Die Firmen kommen dadurch schnell, einfach und günstig an neues Kapital, was den Wert des Unternehmens und deren Aktien durch die neue Kapitalspritze weiter erhöht.

Doch auch Anleger profitieren von der Entwicklung. Und mitunter gleich zweifach: Denn viele Unternehmen schütten regelmäßig eine

Gewinnbeteiligung, eine so genannte *Dividende*, aus. Anteilseigner, die im Besitz der Firmenaktien sind, werden so direkt an Unternehmensgewinnen beteiligt. Des Weiteren könnte sich der Preis der Aktien durch mögliche Kurssteigerungen noch zusätzlich erhöhen. Kaufen Sie beispielsweise eine Aktie für 20 Euro und verkaufen diese zu einem späteren Zeitpunkt für 25 Euro, so steht ein Gewinn von 25 Prozent zu Buche.

Auch gegen die Inflation sind Aktien in der Regel besser geschützt. Da hinter den Aktien ein substanzieller Wert, also ein Unternehmen mit Produkten, Maschinen, Firmeneigentum, Bargeldreserven, ausgebildeten Mitarbeitern und Patenten steht, sind Sie mit Aktien langfristig betrachtet besser gewappnet, als etwa das herkömmliche Sparbuch. Und so ist es nicht verwunderlich, dass beispielsweise der Deutsche Aktienindex (DAX), indem die 30 größten deutschen Unternehmen aufgeführt sind, seit 1980 eine jährliche Durchschnittsrendite von 9,3 Prozent erzielte (Quelle: https://www.boerse.de/grundlagen/aktie/Renditedreieck-Dax-Jaehrliche-Durchschnittsrenditen-seit-1980-8).

Allerdings sind Geldanlagen in Wertpapiere auch risikoreicher als konservativere Vermögensanlagen. Eine Garantie auf Kursgewinne und Dividendenzahlungen gibt es nicht. Aktienkurse können genauso gut auch fallen und eine Gewinnbeteiligung in Form einer Dividende ist eine freiwillige Unternehmensleistung, welche nicht jedes Unternehmen zahlt. Und im Gegensatz zum Sparbuch kann es bei Wertpapieren auch zu starken Kursverlusten bis hin zum Totalverlust kommen. Solche Verlustrisiken sind zwar gerade bei großen, etablierten Unternehmen in der Regel nicht sehr wahrscheinlich, sollten aber dennoch in Ihre Anlagestrategie mit einbezogen und bestenfalls durch einen langfristigen Anlagehorizont und eine breite Streuung des Kapitals minimiert werden. Nur so sind Sie in der Lage, Ihre Gewinnwahrscheinlichkeit deutlich zu erhöhen und mögliche Verluste durch etwaige Gewinne wieder auszugleichen.

1.2 Was sind Aktien?

Stellen Sie sich eine Welt ohne Computer, ohne Flugzeuge, ohne Eisenbahnen und Autos vor. Das scheint nur schwer möglich? Ist es auch. Gäbe es keine Aktien, dann wären viele bahnbrechende Erfindungen und die meisten großen wirtschaftlichen Errungenschaften vermutlich niemals Realität geworden.

Viele unternehmerische Entscheidungen verschlingen einen so hohen Kapitalbedarf, dass ihn eine Einzelperson nur schwer stemmen kann. Daher kam zu Beginn des 17. Jahrhunderts die Idee auf, einem breiten Publikum die finanzielle Beteiligung an Unternehmen zu ermöglichen. Die erste Gesellschaft, die sich so zusammenschloss, waren Amsterdamer Gewürzhändler. 1602 gründeten sie die „Vereinigte Ostindische Handels-Kompanie" (V.O.C.) und ermöglichten es so auch wohlhabenden Kaufleuten, Provinzen und Städten in Form von Anteilen an den einträglichen Geschäften beteiligt zu sein. Der Gewürzhandel entwickelte sich zu einem so rentablen Geschäft, dass bald immer mehr Menschen Anteile an der V.O.C. erwerben wollten.

Das unternehmenseigene Kontor in Amsterdam diente dabei als Anlaufpunkt für Ein- sowie Umschreibungen der Anteilsscheine. Das heißt: Die durchschlagende Idee dahinter war, dass die Gesellschaft

Kapital im Gegenzug für Anteile des Unternehmens (Aktien genannt) bekam, ohne dieses zurückzahlen und wieder aufnehmen zu müssen. Die V.O.C. gilt somit heute als Mutter aller Aktiengesellschaften und der Amsterdamer Kontor als erster Börsenplatz der Welt.

1.3 Die Anfänge der Aktien in Deutschland

Wie Sie nun bereits erfahren haben, sind Aktien Unternehmensbeteiligungen, die von Unternehmen selbst ausgegeben und anschließend an Börsen gehandelt werden. Das erste deutsche Unternehmen, was dies tat, war die „Handels-Compagnie auf denen Küsten von Guinea", welche 1682 durch Friedrich Wilhelm, Kurfürst von Brandenburg, gegründet wurde. Diese Handelskompanie gilt heute als erste deutsche Aktiengesellschaft und hatte den Auftrag, einen Handelsvertrag mit den dortigen afrikanischen Stämmen abzuschließen. Binnen eines Jahres durften die Brandenburger einen bewaffneten Handelsstützpunkt aufbauen und vereinbarten mit den ansässigen Afrikanern, dass diese ihre Waren nur noch exklusiv der Kompanie feilbieten würden. Der Auftrag des Kurfürsten lautete, an der Küste Guineas Pfeffer, Gold, Elfenbein, Getreide und Sklaven zu erhandeln und diese zum Verkauf in Lissabon und Cádiz sowie „unter der Hand" feilzubieten. Dazu wurde die Gesellschaft mit einem Grundkapital von 50.000 Reichstalern ausgestattet. Jeder, der einen Anteil von mindestens 200 Talern in Form von Aktien erwarb, konnte Teilhaber der Gesellschaft werden. Der wahre Einfluss auf die Gesellschaft richtete sich dann aber nach der tatsächlichen Höhe der Einlage und so besaßen Anteilseigner erst ab einem Wert von 1.000 Talern ein Stimmrecht.

In den darauffolgenden Jahren übernahmen viele Gewerbetreibende und Versicherungsgesellschaften das Modell der Aktiengesellschaften. So gründeten etwa die Habsburger 1719 die „Orientalische Gesellschaft", 1770 wurde die „Private Breslauer Zucker Raffinerie" und 1793 die „Berliner Zuckersiederei" gegründet. Und auch im Ausland wurden vermehrt Anleihen aufgelegt und Aktien an den Börsen eingeführt. So wurde beispielsweise die Transsibirische Eisenbahn von Moskau nach Wladiwostok und Charbin vornehmlich durch deutsches und französisches Kapital finanziert.

Allgemeine gesetzliche Regelungen zur Gründung von Aktiengesellschaften gab es dabei bis zum Beginn des 19. Jahrhunderts in Deutschland noch nicht. Erst 1843 kam es in Preußen zu einer grundsätzlich regelnden Gesamtdarstellung des Börsenwesens und des Aktienrechts in Form eines Gesetzbuches. Nun konnten branchenunabhängig Aktiengesellschaften gegründet werden und bereits 1850 existierten so in Preußen über 130 Aktiengesellschaften. 1862 wurde für Deutschland und Österreich das Allgemeine Deutsche Handelsgesetzbuch erstellt, welches das Aktienrecht für Aktiengesellschaften, die gewerbsmäßig Handel betreiben, einheitlich regelte. Mit den Änderungen im neuen Aktiengesetz des Norddeutschen Bundes von 1870 konnten schließlich auch Aktienbanken in Preußen gegründet werden.

Mit der gesetzlichen Grundlage von 1870 erlangte das Aktienwesen in Deutschland einen regelrechten Aufschwung. Bis zum Ausbruch des Ersten Weltkriegs gab es mehr als 5.200 Aktiengesellschaften mit einem Grundkapital von über 15 Milliarden Mark. Aktiengesellschaften hatten sich als Rechtsform endgültig durchgesetzt. Sie galten als anerkannt und dienten nun auch der Finanzierung kleinerer Unternehmen durch Risikokapitalgeber. Im Juli 1914 mussten die deutschen Börsen angesichts der drohenden Kriegsgefahr aber geschlossen werden. Der Handel der Wertpapiere wurde jedoch außerhalb der Börsen fortgesetzt. Erst in der Zeit ab Dezember 1917 durfte an deutschen Börsen wieder mit Wertpapieren gehandelt werden, eine Zeit welche allerdings gerade an den Finanzmärkten von großen Unsicherheiten geprägt war.

1.4 Wer kann Aktien herausgeben?

Sie haben nun bereits erfahren, dass Aktien Wertpapiere in Form von Unternehmensanteilen sind. Auch wissen Sie nun, dass diese meist von Aktiengesellschaften (AGs) ausgegeben werden und sich die AG als Unternehmensform gerade für große Unternehmen eignet, weil durch die Ausgabe von Aktien an einer Börse viel fremdes Kapital beschafft werden kann. Der Vorteil der AG ist beispielsweise, dass diese als eigene Rechtspersönlichkeit auftritt und im Konkursfall nur mit dem Aktienkapital, aber nicht mit dem privaten Vermögen der Geschäftsführer haftet.

Daneben gibt es weitere mögliche Formen von Kapitalgesellschaften, deren Unternehmensanteile an deutschen Börsen gehandelt werden können. Neben der AG, sind dies in Deutschland die KGaA (Kommanditgesellschaft auf Aktien) und die die Europäische Gesellschaft (umgangssprachlich: Europa-AG; lat. *Societas Europaea*, kurz *SE*) als Rechtsform für Aktiengesellschaften in der Europäischen Union. Die Kapitalgesellschaften unterscheiden sich durch unterschiedliche gesetzlich festgelegte Kapitalaufbringungs- und Erhaltungsvorschriften sowie deren persönlich haftende Gesellschafter.

2. Persönliche Voraussetzungen

2.1 Erfordert die Geldanlage in Aktien bzw. Fonds gute wirtschaftliche Kenntnisse?

Doch was brauchen Sie nun, um in Aktien zu investieren? Wissen? Geld? Fachkundige Bankberater? Beschäftigen wir uns zunächst mit der obigen Frage: Diese stellt das Deutsche Aktieninstitut 28.000 Menschen jedes Jahr in Deutschland per Telefon. Das Ergebnis: Fast 75 Prozent aller Befragten denken, dass die obige Aussage weitgehend zutrifft. In Aktien und Fonds sollten nach Meinung der Befragten also nur Menschen investieren, die gute wirtschaftliche Kenntnisse haben. Interessant sind die Ergebnisse noch in der Unterscheidung zwischen Aktienbesitzern und keinen Aktienbesitzern. Während lediglich 67 Prozent der Aktienbesitzer der Meinung sind, Fachkenntnisse seien erforderlich, sehen gar 74 Prozent der Nicht-Aktienbesitzer fundierte Wirtschaftskenntnisse als Voraussetzung fu☐r Aktieninvestments. Die Studie lesen Sie unter folgendem Link im Detail nach, die besprochenen Ergebnisse finden Sie auf Seite 14: http://www.dai.de/files/dai_usercontent/dokumente/studien/2015-05-07%20Aktienanlage%20ist%20Kopfsache%20Web%20FINAL.pdf

Nun ist es aber leider nicht so, dass die Rendite (Gewinne) direkt an Ihr Wissen gekoppelt ist. Denn nur, weil Sie umfangreiche wirtschaftliche Kenntnisse erworben, BWL oder ein anderes Wirtschaftsstudium erfolgreich abgeschlossen haben, macht Sie das noch lange nicht zu einem erfolgreichen Aktienanleger.

Bezugnehmend auf die Veröffentlichung des Deutschen Aktieninstitutes kann also festgehalten werden, dass die allgemein in der Bevölkerung vorherrschende Meinung, Aktienanlagen erfordern gute wirtschaftliche Kenntnisse, so nicht korrekt ist. Grundsätzlich kann jeder in den Handel mit Aktien einsteigen. Es ist dafür weder ein Mathematik- noch Wirtschaftsstudium, kein Lernen komplexer Formeln und auch kein Doktortitel notwendig. Solange Sie die gesetzlich volle Geschäftsfähigkeit erlangt haben und nicht über Insider-Informationen verfügen, steht es Ihnen mit Vollendung des 18. Lebensjahres auch ohne wirtschaftliche Kenntnisse frei, Aktien zu erwerben.

2.2 Grundgerüst der Börse verstehen

Dennoch ist es wichtig, das Grundgerüst der Börse zu verstehen: Ein Unternehmen, welches Produkte herstellt, sucht beispielsweise eine Alternative zum regulären Bankkredit. Daraufhin geht es an die Börse und verkauft Unternehmensanteile (*Aktien*) an Menschen, die bereit sind, dafür Geld zu zahlen. Im Gegenzug besitzen diese Menschen nun einen Teil des Unternehmens.

Wer gibt Aktien heraus?

Beispiel: Zur Zeit des Eisenbahnbooms um das Jahr 1850, war der Bau neuer Schienen mit hohen Kosten und Risiken verbunden. Niemand war bereit, ein so großes Projekt allein zu stemmen. Und so taten sich verschiedene Investoren zusammen und gründeten eine Eisenbahn-Aktiengesellschaft. Weil dies ein großes Geschäft versprach, fanden sich genügend Anleger und gleichzeitig konnten die Kosten sowie das Risiko auf verschiedene Schultern verteilt werden.

Interessierte Anleger wie Sie brauchen also keine teuren Bankberater, die dank der Gebühren die eigene Rendite noch zusätzlich schmälern. Alles, was Sie benötigen, ist Eigenverantwortung. Und da Sie sich für dieses Buch entschieden haben, darf ich Ihnen gratulieren, denn Sie sind auf dem richtigen Weg! Ein Aktien-Depot einzurichten ist nicht schwerer, als ein Konto zu eröffnen. Und wenn Sie es schaffen, einen Dauerauftrag für Ihre Miete aufzugeben, dann wird es Ihnen auch leicht gelingen, eine Überweisung auf Ihr Aktiendepot zu tätigen, um daraufhin Ihre erste Aktie zu kaufen.

2.3 Gesellschaftliche Akzeptanz

Zunächst müssen Sie sich jedoch eines klarmachen: Eine verbesserte Aktienkultur in Deutschland sollte Sie nicht blind dazu verleiten, plötzlich Ihr gesamtes Erspartes in Aktien zu investieren. Während die Skepsis gegenüber Aktien etwa in Frankreich ähnlich ausgeprägt ist wie in Deutschland, sieht es beispielsweise in Skandinavien schon deutlich besser aus. Die Aktionärsquote in der Bundesrepublik Deutschland beträgt lediglich 5-10 Prozent. Der Anteil der Aktionäre in Skandinavien ist etwa doppelt so hoch wie hierzulande. Bezieht man neben direkten Aktienbeteiligungen gar noch die indirekte Partizipationsmöglichkeit über Fonds mit ein, so waren im Jahresschnitt 2016 rund 8,98 Millionen Menschen in Deutschland (14 Prozent der Gesamtbevölkerung) in Aktien investiert (was dem zweithöchsten Stand seit 2012 entspricht). Dennoch liegt die Zahl der Aktionäre damit aber immer noch deutlich unter dem Höchststand aus Zeiten des Börsenbooms um die Jahrtausendwende (Quelle: *Anzahl Aktionäre* unter: https://www.boerse.de/dai/zahl-aktionaere/grafik).

Damals waren rund 20 Prozent der Bevölkerung (ca. 13 Millionen) in Aktien investiert. Das liegt zum einen daran, dass die Quote im zeitlichen Ablauf deutlich schwankt. Diese Schwankungen werden durch die verschiedenen Zyklen der Börse getrieben. Kleinaktionäre steigen gerade in börsenstarken Jahren (sog. *„Hausse"*, frz.: für *Anstieg, Steigerung,* zu Deutsch oft *„Bullenmarkt"*) in Aktienanlagen ein und verlassen den Aktienmarkt in schlechten Jahren (sog. *„Baisse"*, frz. für *Rückgang, Abnahme,* zu Deutsch oft *„Bärenmarkt"*) wieder.

Der höhere Wert der Aktiensparer in Skandinavien ist zum anderen auch so zu erklären, dass ein Teil der Altersvorsorge etwa in Schweden aus obligatorischen, kapitalgedeckten Komponenten besteht. Dadurch ist der Aktienanteil automatisch höher. Das wiederum führt bei den Anlegern zu einem größeren Interesse für die Börse, schließlich wollen die Sparer wissen, wie sich ihre Altersrücklagen entwickeln. Die bisherigen Möglichkeiten in Deutschland (z.B. Riester-Rente) sind hingegen allein aufgrund der Freiwilligkeit kaum mit dem schwedischen Modell vergleichbar.

Im internationalen Vergleich steht auch die USA besser da. In den Vereinigten Staaten wird die Aktienkultur etwa durch Belegschaftsaktien angekurbelt. Viele Konzerne geben diese Vorzugsaktien an ihre Mitarbeiter aus. Diese Praxis findet zwar auch in Deutschland statt, aber in geringerem Umfang. Außerdem birgt sie die Gefahr, eines Klumpen-Risikos, da das eingesetzte Kapital nicht weit genug gestreut wird und nur in die gleichen Anlagetypen investiert ist. Der Anleger verliert so im schlimmsten Fall einer Pleite gleich beides: erst seinen Job und dann zudem noch sein angelegtes Kapital.

Sie sehen, wenn Sie in Aktien investieren wollen, sind Sie nicht allein. Über alle Altersschichten und Landesgrenzen gibt es Menschen, die sich an den Unternehmensentwicklungen beteiligen wollen. Und um in Aktien zu investieren, müssen Sie kein Millionär sein. Eine finanzielle Grundlage sollte zwar allerdings schon vorhanden sein, da Aktien wie bereits erwähnt keine starren Produkte sind und Wertschwankungen unterliegen. Sie sollten daher nur Geld anlegen, dass Sie nicht dringend benötigen, denn so vermeiden Sie Notverkäufe zu Kursen, zu denen Sie unter normalen Umständen niemals verkauft hätten. Legen Sie daher zunächst mindestens 6 Monatsgehälter als „eiserne Reserve" beispielsweise auf einem Tagesgeldkonto an – so können Sie schnell über das Geld verfügen und müssen nicht Ihre Aktien verkaufen, nur, weil der Kühlschrank kaputt ist oder eine Autoreparatur ansteht.

Wie Sie nun bereits mit kleinen Summen sinnvoll investieren können und welchen Kapitalbedarf Sie mindestens aufbringen sollten, dass erfahren Sie im nachfolgenden Kapitel.

2.4 Unternehmensbewertung (Marktkapitalisierung)

Wie viel Geld Sie in ein Unternehmen investieren wollen, das können Sie sich nur selbst beantworten. Für eine Unternehmensbewertung ist es zunächst einmal nicht entscheidend, ob dieses 1 Milliarde Aktien zu je 10 Euro herausgibt oder 10 Aktien zu je 1 Milliarde Euro. Der Börsenwert des Unternehmens ist der gleiche: 10 Milliarden Euro. Der Preis einer Aktie gibt somit erst einmal keinen Aufschluss über den Wert des zugehörigen Unternehmens. Natürlich sind Aktienausgaben zu 1€ bei großen Unternehmen eher die Ausnahme, entscheidend für den Börsenwert ist jedoch lediglich die Aktienstückzahl x dem Aktienpreis.

Der Computer- und Smartphone Hersteller *Apple* hat beispielsweise aktuell 5.47 Milliarden Aktien im Umlauf. Bei einem Aktienpreis von 135,00 Euro ergibt sich daraus folgende Rechnung: 135,00 Euro x 5.470.000.000 Stück = 738,45 Milliarden Euro. Diese Summe wird als Marktkapitalisierung bezeichnet und spiegelt den Gesamtwert aller sich im Umlauf befindenden Anteile eines börsennotierten Unternehmens wider.

Zu diesem Wert können noch Anteile hinzukommen, die das Unternehmen selbst einbehält (Eigenbestand), denn diese bleiben bei der Berechnung der *Marktkapitalisierung* unberücksichtigt.

Die *Marktkapitalisierung* eines Unternehmens gibt also im Grunde das aktuelle Angebot- und Nachfrageverhältnis, also den aktuellen *Marktkonsens* zum Wert des Unternehmens, wider. Sie wird wesentlich von den Erwartungen der Anleger am Aktienmarkt in Bezug auf die zukünftige Ertragskraft des Unternehmens beeinflusst und kann daher starken Schwankungen unterliegen.

Ihre Entscheidung, in ein Unternehmen zu investieren, hängt also nicht nur vom eigentlichen Preis einer Aktie ab, sondern davon, ob Sie die Gesamtbewertung des Unternehmens (Aktienstückzahl x Aktienkurs) für gerechtfertigt, für zu hoch oder zu niedrig halten.

Sie merken also, wirtschaftliches Fachwissen ist zwar keine Voraussetzung für den Aktienhandel. Es hilft Ihnen aber enorm, wenn Sie sich mit dem Unternehmen gut auskennen, in welches Sie investieren wollen. Warren Buffett, welcher als begnadetster Investor unserer Zeit gilt, hat zum Beispiel den Grundsatz, nur in Unternehmen zu investieren, die er auch versteht. Er ist zwar sehr gut mit Microsoft Gründer Bill Gates befreundet, versteht aber wenig von Technologie und hält sich daher mit Investitionen in diesem Bereich zurück. Diesen Grundsatz sollten auch Sie beherzigen: Investieren Sie nur in Produkte und Unternehmen, deren Geschäftsmodell Sie vollständig verstehen und deren Wert Sie realistisch einschätzen können.

2.5 Persönlicher Kapitalbedarf

Zunächst gilt es jedoch noch einige grundlegende Fragen zu beantworten, dann ist der Einstieg an der Börse auch für Sie kein Hexenwerk mehr. Bedenken Sie: Wer das Ziel nicht kennt, für den ist jeder Weg der falsche. Sie sollten sich daher genau überlegen, was Sie mit Ihren Ersparnissen überhaupt vorhaben und wie Ihre persönliche finanzielle Situation aussieht.

Haben Sie nur kleine Beträge zur Verfügung, können Sie bereits ab Summen von 25 Euro in Aktien investieren. Dafür eignen sich Fonds oder Aktiensparpläne, auf die im Buch noch jeweils gesondert eingegangen wird. Der Vorteil von Fonds ist, dass sie automatisch eine Streuung auf mehrere Unternehmen, Märkte oder Technologien bieten und damit grundsätzlich erst einmal ein geringeres Risiko bedeuten würden, als wenn Sie nur in ein einzelnes Unternehmen investieren. Denn mit nur wenigen Einzelaktien holen sie sich ein sogenanntes Klumpen Risiko ins Depot, da Unternehmen der gleichen Branche mitunter von Nachrichten ähnlich betroffen sind.

Der Nachteil von Fonds ist, dass diese in der Regel von einem Manager aktiv verwaltet werden. Dieser Manager arbeitet nicht umsonst und bekommt eine Gebühr zwischen 2-5 Prozent des Kaufpreises. Diese Gebühr nennt sich Managementgebühr und werden zum Teil noch von weiteren Börsenentgelten wie Ausgabeaufschlägen oder Börsenplatz-Handelsgebühren ergänzt. Das bedeutet im Klartext: Mit dem Kauf eines solchen Produktes befinden Sie sich direkt einige Prozentpunkte in der Verlustzone. Das müssen Sie erst einmal wieder aufholen, um auf Plus-Minus Null (in der Fachsprache: *„Break-Even"*) zu kommen.

Für Aktien gibt es eine solche Managementgebühr bisher nicht, da es keinen Fonds-Verwalter gibt, der sich aktiv um die Auswahl verschiedener Aktien kümmern muss. Aktien stellen daher die klassischste Art des Börsenhandels dar. Ein Vorteil ist, dass Sie direkt Anteile am Unternehmen erwerben, daher Miteigentümer sind und bei Sitzungen der Entscheidungsträger theoretisch auch ein Stimmrecht hätten.

Der Nachteil bei Aktien ist, dass Sie sich sehr gut mit dem Unternehmen auskennen sollten, deren Produkte und Dienstleistungen verstehen und die mögliche Wertentwicklung möglichst genau beurteilen können. Das übernimmt sonst in der Regel der Fonds- oder Aktienmanager für Sie, wofür er auch entspechend bezahlt wird.

Und auch ein Aktienkauf ist nicht umsonst. Da Sie nicht einfach zum entsprechenden Unternehmen gehen können und um Anteile bitten können, müssen Sie die Geschäfte über eine Bank abwickeln. Und diese Bank verlangt für jeden Kauf (und ebenso für jeden späteren Verkauf erneut) eine Handelsgebühr (Ordergebühr). Die Mindestgebühren bewegen sich in Deutschland je Kauf (und Verkauf) bei 5-10

Euro. Das heißt, natürlich könnten Sie bereits für 25 Euro Unternehmensanteile erwerben. Sinnvoll erscheint dies jedoch nicht, da die Mindestgebühren zu sehr ins Gewicht fallen (5-10 Euro Kaufgebühr + 5-10 Euro Verkaufsgebühr = Bei einem 25 Euro Handel haben Sie Kosten in Höhe von 10-20 Euro (80 Prozent), was einem wirtschaftlichen Desaster gleichkäme). Wenn man die jährliche Durchschnittsrendite von 7-10 Prozent am deutschen Aktienmarkt zu Grunde legt (siehe oben), dann erkennen Sie schnell, dass Ihre Kosten deutlich unter diesem Wert liegen müssen, wenn Sie Gewinne machen wollen. Eine Investition in einzelne Aktientitel macht daher unter einer Anlagesumme von 500 Euro, besser 1000 Euro aufgrund der hohen Kosten kaum Sinn. Denn die pauschale Ordergebühr fällt immer an, unabhängig von der Höhe des Auftrages, welche jedoch durch Höchst- und Mindestgrenzen gedeckt ist. Je größer Ihr zur Verfügung stehendes Kapital, umso weniger fallen die Gebühren ins Gewicht.

Hinzu kommt in der Regel immer noch eine prozentuale Gebühr von 0,25 -1,5 Prozent des Kauf- oder Verkaufsauftrags. Und darüber hinaus erheben Wertpapierbörsen eine Handelsplatzgebühr, welche Ihre Bank an Sie als Kunden weitergibt.

Sie sehen also, es zahlt sich aus, auf folgende fünf Dinge Wert zu legen:

1. Die **Wertentwicklung** eines Unternehmens so **genau** wie möglich **einzuschätzen**

2. Den an der Börse **verlangten Preis** mit Ihren eigenen Vorstellungen genau zu **prüfen** und zu **bewerten**, ob Sie diesen Preis als zu hoch, zu

gering, oder gerechtfertigt erachten

3. Eine **Bank** zu wählen, die möglichst **geringe Kosten** und Gebühren verlangt

4. Ein **Investitionsvolumen** zu haben, bei dem die **Kosten** prozentual verschwindend **gering** sind und nicht ins Gewicht fallen

5. Einen **langfristig** orientierten **Anlagehorizont** zu haben, damit Ihnen kurzfristige Schwankungen egal sein können

Was genau der fünfte Punkt bedeutet, dass erfahren Sie im nächsten Kapitel.

2.6 Trading vs. Investieren

Ihre Entscheidung, in ein Unternehmen zu investieren, hängt also nicht vom Preis einer Aktie allein ab, sondern auch von Ihren Kosten, der Unternehmensbewertung (also davon, ob Sie den Preis für gerechtfertigt, für zu hoch oder zu niedrig halten) und ihrem Anlagehorizont. Ihr Anlagehorizont meint dabei die Dauer, die Sie bereit sind, eine Aktie zu behalten, bevor Sie diese wieder verkaufen wollen.

Auch hierzu hat sich Warren Buffett geäußert: Er wählt Aktien so aus, dass er sie die nächsten 10 (!) Jahre nicht mehr anzuschauen braucht. Auch daran sollten Sie sich orientieren. Sie benötigen also Kapital, auf das Sie die nächsten 8-12 Jahre (oder länger) verzichten können. Denn nur so, werden Sie auf Schwankungen gelassen reagieren und auf die Geschicke der Unternehmensführung vertrauen. Denn ein Unternehmen, welches erfolgreich am Markt bestehen will, wird langfristig seine Gewinne erhalten oder steigern wollen und im Bestfall immer weiter wachsen und mehr Umsatz generieren. Wenn Sie sich darauf verlassen, können Ihnen kurzfristige Prognosen, Schwankungen und Neuigkeiten nicht den Schlaf verderben.

Warren Buffett ist so etwa seit Jahrzehnten in Coca-Cola investiert und hält aktuell knapp 10 Prozent der Unternehmensanteile (Wert: 17 Milliarden US Dollar). Er geht einfach davon aus, dass sich die besondere Marktmacht des Unternehmens in Verbindung mit dem Verlangen der Menschen auf erfrischende, zuckerhaltige Limonaden auch in Zukunft als erfolgreich erweisen wird.

Befinden Sie sich also noch ganz am Anfang Ihrer Börsenkarriere, so sollten sich Ihre Gewinnerzielungsabsichten nicht auf den kurz- bzw. mittelfristigen Handel mit Finanzprodukten beziehen („*Traden*"). In Bezug auf die Börse, den Handel mit Wertpapieren und Ihr Anlegerglück empfiehlt es sich eher auf eine langfristige, werthaltige Anlagestrategie zu vertrauen („*Investieren*"). Wie bereits deutlich wurde, verlieren Sie mit jedem Handel zunächst einige Prozentpunkte Ihres eingesetzten Kapitals, aufgrund der Gebühren. Ein Anleger-Sprichwort besagt daher: „*Hin und her - macht Taschen leer*".

Zwar ist der Übergang zwischen den Disziplinen „*Trading*" und „*Investieren*" fließend und einige Experten sprechen bereits von einer Haltedauer der Handelspositionen von bspw. 6 Monaten und länger vom Investieren. Investor Warren Buffett hingegen sagt selbst, er bezeichne seine Positionen nur dann als wirkliche Investments, wenn er plane, diese nie wieder zu verkaufen (sogenanntes „*Value Investing*"; Value: engl. Wert). Auch wenn er zum Teil Investments wieder veräußert, so geschieht dies in der Regel in einem sehr viel größeren Zeithorizont. Er beabsichtigt somit, regelmäßige Zahlungsströme aus den Dividenden (freiwillige Gewinnausschüttungen der Unternehmen) zu erhalten.

Trader hingegen versuchen geringe Kursschwankungen auszunutzen. Dieses Zeitfenster kann von wenigen Sekunden bis hin zu mehreren Wochen oder Monaten andauern. Um mit den teilweise geringen Kursschwankungen überhaupt Gewinne erzielen zu können, müssen aktive Trader oft einen so genannten *Hebel* einsetzen, um die Rendite zu vervielfachen. Dieser Hebel ist zusätzliches Kapital und wird Ihnen kurzfristig von der Bank leihweise zur Verfügung gestellt. Natürlich vervielfachen sich so nicht nur Ihre Gewinne, sondern auch sehr schnell auflaufende Verluste. Und so kann es innerhalb kürzester Zeit zu einem Totalverlust kommen.

Niels Nauhauser, Geldanlage-Experte bei der Verbraucherzentrale Baden-Württemberg, sagt: Wer vernünftig in Aktien anlegt und das investierte Kapital als langfristige Anlage sieht, muss auch keine negativen Erfahrungen mit Aktien machen. Statt sich täglich aktiv mit den neuesten Trends zu beschäftigen und in Modethemen zu investieren, gelte es, mit einer ruhigen Hand günstige Produkte auszuwählen. „Denn das viele hin und her kostet das meiste Geld", attestiert auch Nauhauser.

„*Trading*" beschreibt daher einen aktiven Ansatz, der eine regelmäßige (im Bestfall: tägliche) Auseinandersetzung mit den gewählten Produkten voraussetzt. „*Investing*" hingegen ist eine passive Art des Investierens, bei der sich Anleger zu Beginn auch intensiv mit den ausgewählten Produkten, Firmen und Geschäftspartnern auseinandersetzen sollten, dann jedoch zunehmend auf Ihre Investitionsentscheidungen und die Geschicke der Unternehmensführungen vertrauen.

Wer dennoch regelmäßig Beträge zur Verfügung hat und diese investieren will, für den eignet sich ein sogenannter Sparplan, um regelmäßig Geld anzulegen. Diese Regelmäßigkeit hilft auch in schlechteren Börsenphasen durchzusparen. Zudem vermeiden Einsteiger so auch den beliebten Fehler, teuer zu kaufen, wenn die Kurse schon weit gestiegen sind, und billig zu verkaufen, wenn schon alles zu spät ist und die Kurse massiv gefallen sind. Das ist leider genau der verkehrte Denkansatz. Viele lassen sich jedoch von den Zahlen und den Medien täuschen. Ist eine Aktie schon weit gestiegen, wird die breite Masse erst darauf aufmerksam. Dann ist es jedoch für Sie als allgemeinen Kleinanleger schon zu spät. Jetzt erst einzusteigen und Aktien zu kaufen, wäre als rationaler Investor nicht sehr klug. Denn viele Großinvestoren sind schon lange vor Ihnen investiert und nehmen nun Ihre Gewinne mit. Das heißt, die verkaufen jetzt Ihre Aktienpositionen. Dadurch steigt das Angebot wieder. Bleibt die Nachfrage gleich ergibt sich nun ein größeres Angebot bei gleicher Nachfrage. Das wiederum lässt den Preis fallen. Wären Sie also am Hochpunkt eingestiegen, machen Sie nun bereits Verluste.

Daher ist es wichtig in Unternehmen mit Substanz zu investieren. Unternehmen, welche sich beispielsweise durch eines der folgenden Merkmale auszeichnen:

- **a.)** ein besonderes **Alleinstellungsmerkmal** (*Apple:* Erfinder des iPods und Revolution des Mobiltelefons durch das iPhone, Hard- und Software-Entwicklung aus einer Hand, enorme Bargeldreserven, usw.),

- b.) eine starke **Marktposition** (*Coca-Cola:* Weltweite mediale Präsenz, von Fußballweltmeisterschaften über Weihnachtstrucks bis hin zu einem umfangreichen und flächendeckenden Sortiment, wie Coca-Cola, Fanta, Sprite, Mezzo Mix, Nestea, Powerade, Apollonaris, Bonaqua, Lift, Vio, usw.) oder ein

- c.) ein **vertrauenswürdiges Management** (*Berkshire Hathaway:* Mit Warren Buffet lenkt der zweitreichste Mensch der Welt die Unternehmensgeschicke)

Stellen Sie sich diese Werte wie ein von Ihnen begehrtes Produkt im Supermarkt oder Fachgeschäft vor. Wären Sie erbost darüber, wenn dieses Produkt kurzzeitig (aus welchen Gründen auch immer) mit 30 Prozent Rabatt angeboten würde? Sicher nicht. Sie wären erfreut. Und wenn es Ihre finanziellen Mittel zulassen, dann kaufen Sie womöglich noch mehr, in der Hoffnung gerade ein Schnäppchen zu machen. Genau so müssen Sie etablierte und auf nachhaltiges Wirtschaften ausgelegte Unternehmen sehen. Sinkt der Kurs, dann sind das nur Momentaufnahmen. Langfristig ist jedes kapitalistisch ausgerichtete Wirtschaftsunternehmen auf Wachstum bedacht und wird Wege und Möglichkeiten finden, effizienter und besser zu arbeiten. Das dümmste was Sie daher machen könnten, wäre am Hochpunkt zu kaufen und am Tiefpunkt zu verkaufen. Erinnern Sie sich immer daran, wenn ein Wert fällt, dass Sie gerade die Chance bekommen, ein Schnäppchen zu machen. Und schon die alten, Handel treibenden Phönizier wussten: „Der Gewinn liegt im Einkauf".

Durch die regelmäßigen Investitionen ergibt sich für Sie als Anleger ein weiterer Vorteil: Der *Durchschnittspreis* („*Costs of Average*"). Da Sie regelmäßig in Unternehmen investieren, unabhängig ob der Kurs gerade hoch oder niedrig ist, profitieren Sie langfristig gesehen von einem Durchschnittspreis. Natürlich sollten Sie keineswegs blind und stoisch in Unternehmen investieren. Dennoch kann für Sie ein *Aktien-Sparplan* in solide und wirtschaftlich stark aufgestellte Unternehmen (sog. „*Blue Chips*") Sinn ergeben. Schon ab einem Anlagebetrag von monatlich 25 Euro kann dieser Sparplan von Ihnen durchgeführt werden (meist sogar kostenlos und ohne Gebühren) und eine Strategieüberprüfung und Neuausrichtung ist in normalen Börsenzeiten (keine Finanzkrisen, Wirtschaftskrisen, Boom- oder Crash-Phasen, etc.) nicht mehr als einmal im Jahr nötig.

Beispielrechnung:

Wenn Sie also eine Aktie zu vier monatlich unterschiedlichen Preisen von 105 Euro, 100 Euro, 85 Euro und 92 Euro an der Börse erwerben, so ergibt sich für Sie ein *Durchschnittspreis*:

Siehe dazu folgende Rechnung: 105 Euro + 100 Euro + 85 Euro + 92 Euro / 4. Im Schnitt haben Sie pro Aktie also nur 95,50 Euro bezahlt und besitzen dennoch 4 Aktienanteile des Unternehmens.

Einen Aktien-Sparplan bieten viele Banken und Depotverwalter meist kostenlos an. Wie sie ein solches Depot eröffnen und worauf Sie achten sollten, dass erfahren Sie im nächsten Kapitel.

3. Fragen vor der Depoteröffnung

3.1 Was ist ein Wertpapierdepot?

Um Aktien zu kaufen und Wertpapiere zu handeln, benötigen Sie ein spezielles Konto bzw. Aktiendepot. Dieses sogenannte Wertpapierdepot können Sie entweder bei Ihrer Hausbank oder bei einer günstigen Online-Depotbank (auch *„Online Broker"* genannt) eröffnen. In Ihrem Wertpapierdepot werden dann die gekauften Aktien verwahrt und verwaltet.

Anders als bei einem normalen Konto, auf dem Ihre Gehaltszahlungen verbucht werden, wird ein Wertpapierdepot nicht für den allgemeinen Zahlungsverkehr verwendet. Wie der Name schon erahnen lässt, werden im Wertpapierdepot ausschließlich Wertpapiere wie Aktien, Fonds und Zertifikate verwahrt. Kauft ein Anleger also beispielsweise Aktien, dann bucht die Bank dieses Wertpapier elektronisch in Ihr Depot ein. Bei einem Verkauf werden diese wieder ausgebucht. Sie erhalten dabei zu jedem Kauf und Verkauf einen einzelnen Transaktionsbeleg, aus dem ersichtlich ist, zu welchem Kurs Sie das Wertpapier ge- oder verkauft haben und welche Kosten und Gebühren Ihnen dafür entstanden sind.

3.2 Online oder Hausbank?

Mittlerweile bieten nahezu alle Banken einen Online-Zugriff auf ihr Depot an. Zunächst sollten Sie jedoch die grundsätzliche Frage beantworten: Wollen Sie selbständig über Ihre Wertpapierkäufe und -verkäufe entscheiden oder einen qualifizierten Berater hinzu ziehen?

Wenn Sie selbstständig über Ihre Käufe und Verkäufe entscheiden wollen, erhalten Sie in der Regel bei einem *Online Broker* die deutlich günstigeren Konditionen. Kaum zu glauben, aber viele traditionelle Banken berechnen auch heute noch horrende Gebühren unabhängig davon, ob Sie als Anleger überhaupt Wertpapiere handeln. Nicht selten liegen diese Verwaltungs-/ Depotführungskosten bei 30-60 Euro pro Jahr. Diese Kosten lassen sich mit einer kostenlosen Depotführung vermeiden.

Anleger, die auf eine Beratung nicht verzichten wollen, können hingegen eher ein Wertpapierdepot bei ihrer Hausbank in Erwägung ziehen. Zwar sind die Kosten für Wertpapiergeschäfte hier meist deutlich höher, Ihnen steht aber in der Regel auch ein persönlicher Berater Ihrer Hausbank zur Verfügung. Gerade bei niedrigen Anlagesummen erhalten viele Anleger jedoch häufig nur eine Standardberatung, da die mangelnde Zeit und das knappe Personal eine umfassende, individuelle Beratung nur schwer zulässt.

Daher könnten Sie alternativ auch einen unabhängigen Vermögensberater in Betracht ziehen. Ab höheren, mindestens fünfstelligen Anlagesummen werden diese auch für Sie tätig. Um sich in sicheren Händen aufgehoben zu fühlen, lassen Sie sich aber detaillierte Nachweise über die Erfahrung und Eignung der Vermögensverwalter vorlegen und keinesfalls mit Standardphrasen und hochtrabenden Versprechungen abspeisen.

3.3 Welche Kosten und Gebühren fallen an?

Wichtig ist noch einmal zu verstehen: Für Ihre Kauf- und Verkaufsaufträge (Order) von Aktien fallen eine Reihe unterschiedlichster Gebühren an: Neben einer Börsengebühr, die vom gewählten Handelsplatz (etwa der Börse Hannover, Berlin, Frankfurt oder Stuttgart) erhoben wird, berechnet auch Ihre Bank Gebühren für jede Transaktion. Wie bereits im vorherigen Kapitel erwähnt, zahlen Sie diese sogenannte *Orderprovision* immer für jede Order (in der Regel zwischen 5-10 Euro). Dazu kommt noch eine vom Betrag abhängige Provision.

Ein Kaufauftrag mit hohem Volumen, z.B. über 20.000 Euro, verursacht somit auch höhere Kosten als einer über 2.000 Euro. Gerade diese volumen-abhängige Provision schlägt bei etwas höherem Volumen schnell mit 20 bis 70 Euro pro Auftrag zu Buche.

Tipp 1: Wählen Sie für Ihre Wertpapiergeschäfte daher im Bestfall einen Anbieter mit einer kostenlosen Kontoführung. Kostenfreie Wertpapierkonten können Sie heutzutage bei vielen Brokern einrichten.

Tipp 2: Achten Sie darauf, dass Sie bei Ihrem Anbieter Aktien und Wertpapiere mit niedrigen Provisionen kaufen und verkaufen können. Einige Anbieter verzichten beim Handel mit Wertpapieren sogar auf eine volumen-abhängige Orderprovision und bieten stattdessen nur eine feste Provision von wenigen Euro an. Es spielt für Sie somit keine Rolle, ob Sie Aktien im Wert von lediglich 500 Euro kaufen oder vielleicht sogar eine Investition im Wert von 50.000 Euro tätigen wollen. Vergleichen Sie hierzu auch die Konditionen der beliebtesten Online-Broker.

Tipp 3: Die Kosten sind ein nicht zu unterschätzender Gesichtspunkt beim Handel mit Aktien. Vergleichen Sie deshalb die Konditionen und suchen Sie einen Anbieter mit geringen Gebühren. Bei *flatex* oder dem *finanzen.net Brokerage-Depot* bekommen Anleger in Deutschland momentan am günstigsten (Stand: September 2017) ein Online-Depot. Und während Sie bei anderen Anbietern teils Kosten über 50 Euro haben, berechnen beide als Orderprovision an deutschen Handelsplätzen lediglich 5 Euro pro Auftrag, unabhängig vom Ordervolumen. Ein Vergleich der verschiedenen Anbieter und deren Aktiendepot-Konditionen lohnt also in jedem Fall. Die besten Online-Broker im Vergleich finden Sie aktuell im großen finanzen.net Broker Test unter: http://www.finanzen.net/online-broker-vergleich/#brokerList

3.4 Welche weiteren Gebühren muss ein Anleger tragen?

Depotgebühr:

Eine Depotgebühr berechnen leider immer noch einige Banken allein dafür, dass Sie als Kunde ein Wertpapierdepot bei der Bank eröffnen, unabhängig davon, ob Sie als Anleger besonders aktiv handeln oder eher selten bis gar nicht. Suchen Sie sich eine Bank, die keine jährliche Gebühr für Sie als Kunde verlangt. Im Gegenteil, nutzen Sie Boni und Neukundenangebote anderer Anbieter.

Verwahrgebühr:

Leider gibt es auch heute noch zahlreiche Banken, die eine sogenannte Verwahrgebühr berechnen. Dies ist eine Gebühr dafür, dass Sie Ihre Wertpapiere im Depot der Bank verwahren dürfen. Bei der

Stadtsparkasse München fallen für die alleinige Aufbewahrung von Aktien vierteljährlich 1,5 ‰ vom Kurswert an. Bei einem Aktienbestand von 50.000 Euro summiert sich allein diese Verwahrgebühr auf 75 Euro im Jahr. Wer Ihnen die Verwaltung eines Aktiendepots in Rechnung stellt, der kommt als Bank aus einer längst vergangenen Zeit. Sparen Sie sich stattdessen diese unnützen Gebühren und wählen Sie einen modernen Broker, mit günstigeren Gebühren und generell kostenfreier Depotführung.

Order (Kauf-/Verkaufs-) gebühr:

Der größte Kostenbaustein für Sie als Anleger sind die Transaktionskosten, die sogenannten Kauf- und Verkaufsgebühren. Diese werden auch als Ordergebühr oder Orderprovision bezeichnet. Wie bereits deutlich wurde, unterscheiden sich diese in festen (fix) plus zusätzliche, vom Betrag abhängige (volumen-abhänige) Kosten. Wenn Sie sich für einen Anbieter ohne zusätzliche, volumenabhängige Kosten entscheiden, so sparen Sie bares Geld.

Fremdspesen:

Zu den Ordergebühren zählen auch die sogenannten Fremdspesen. Bei diesen handelt es sich beispielsweise um Handelsplatzgebühren, Maklercourtage oder Clearinggebühren. Diese Kosten fallen Ihrer Bank oder Ihrem Broker für die Ausführung Ihres Auftrages an der Börse oder bei Dritten an und werden meist direkt an Sie als Kunden weitergegeben. Diese fremden Spesen werden normalerweise getrennt in Ihrer Wertpapierabrechnung ausgewiesen. Mitunter gehen die Gebühren aber auch in andere Kostenblöcke Ihrer Bank unter oder werden von dieser zum Teil bzw. vollständig übernommen. Achten Sie bei der Wahl Ihres Aktiendepots daher darauf, welche Fremdspesen in Ihren Abrechnungen an Sie weitergereicht und welche übernommen werden.

Ausgabeaufschlag:

Neben diesen Gebühren für Aktiensparer fallen gerade für Fondsanleger und Fondssparer weitere Gebühren an, auf die Sie beim Handel mit Investmentfonds achten sollten. Gerade die beträchtlichen Ausgabeaufschläge für Fonds liegen nicht selten bei fünf Prozent oder höher. Ein Kaufauftrag über 5.000 Euro schlägt somit schnell mit Gebühren von 250 Euro zu Buche. Kosten, die Sie als Anleger tunlichst vermeiden sollten, wenn Sie sich für einen Anbieter mit zeitgemäßen Konditionen entscheiden. Prüfen Sie vor Eröffnung Ihres Depots daher auch, ob Ihr Anbieter mit diversen spezialisierten Fondsplattformen zusammenarbeitet oder den Fondskauf gar mit einem reduzierten oder gar kostenlosen Ausgabeaufschlag anbietet. Bei vielen renommierten Brokern stehen Ihnen mehrere tausend Fonds zur Verfügung. Einige Anbieter verlangen keinen volumen-abhängigen Ausgabeaufschlag und auch keine fixe Orderprovision. Durch sogenannte Fondssparpläne können Sie diese sogar gänzlich ohne Kosten und Gebühren besparen. Da auch die fixe Orderprovision entfällt, sind so auch kleinere monatliche Fondssparraten von beispielsweise 25 oder 50 Euro sinnvoll möglich.

Weitere Gebühren:

Dem Erfindungsreichtum der Banken scheinen hier keine Grenzen gesetzt. So gibt es Anbieter, welche auch eine Limitgebühren berechnen (also eine Gebühr, dass der Auftrag erst zu einem bestimmten Limit ausgeführt wird und nicht jetzt sofort) oder Gebühren für die Auftragsstornierung. Achten Sie bei der Eröffnung Ihres Aktiendepots auf moderne Anbieter, die auf diese Art der Gebühren verzichten und Ihnen solche oder ähnliche Kosten nicht in Rechnung stellen.

Des Weiteren lohnt sich ein Blick auf die Konditionen des Telefonhandels bzw. der telefonischen Auftragserteilung. Gerade ältere Anleger greifen für Ihre Auftragserteilung häufig lieber zum Telefon. Dies ist aber in der Regel teurer als den Auftrag via Internet abzusenden, bei dem die Bank keinen persönlichen Ansprechpartner vorhalten muss.

3.5 Welche Handelsplätze und Produktpaletten will ich nutzen?

Sie sehen also, die Wahl des entsprechenden Depot-Anbieters sollte gut überlegt sein. Noch bevor Ihre ausgewählte Aktie auch nur einen Prozentpunkt in die Gewinnzone gerutscht ist, haben Sie so sonst horrende Gebühren zu zahlen, die Sie mit vertretbarem Risiko nur sehr schwer wieder aufholen. Nutzen Sie daher den oben erwähnten Broker-Vergleich und stellen Sie die verschiedenen Leistungen gegenüber.

Betrachten Sie auch die angebotenen verfügbaren Handelsplätze, falls Sie nicht nur in Deutschland oder der EU, sondern womöglich auch an Börsen in anderen Ländern (New York, Tokio) handeln möchten. Zwar lassen sich die meisten ausländischen Aktien kostengünstiger an den deutschen Handelsplätzen kaufen und verkaufen, möchten Sie aber weniger bekannte Auslandsaktien erwerben, so sind diese häufig nur sinnvoll an den jeweiligen Heimat-Börsenplätzen handelbar.

Beschränken Sie sich zunächst auf den Handel an deutschen Börsenplätzen, so gibt es jedoch kaum Unterschiede: Ein professioneller Anbieter bietet Ihnen Zugang zu allen deutschen Börsen, angefangen vom elektronischen Handelssystem XETRA, über die Wertpapierbörse Frankfurt und Stuttgart bis hin zu den Regionalbörsen München, Düsseldorf, Berlin, Hamburg, Bremen und Hannover. Sollten Sie mit Ihrer Depotanbieter-Wahl später einmal nicht zufrieden sein, so können Sie auch jederzeit unkompliziert einen Wechsel zu einem anderen Anbieter vornehmen und mit Ihrem gesamten Depot umziehen. Dazu bieten viele Anbieter gleichzeitig einen sogenannten Wechselbonus und Umzugsservice an, um Ihnen den Wechsel attraktiver zu gestalten.

3.6 Was ist die Einlagensicherung?

Nach den Finanzkrisen 2001 und 2008 hat auch die *Einlagensicherung* ein neues Gewicht erhalten. Sie gibt an, wie viel Ihres Vermögens im Falle einer Bankpleite tatsächlich sicher ist. Wichtig zu wissen: Die Wertpapiere in Ihrem Depot zählen zum sogenannten Sondervermögen (§ 92 KAGB).

Dieses unterliegt einem besonderen Schutz. Da die Banken Ihre Aktien- und Depotbestände nur verwalten und nicht darüber verfügen, gehören die Wertpapiere auch im Falle einer Bankpleite Ihnen und nicht der Bank oder dem Insolvenz-Verwalter. Die Höhe der Summe der Einlagensicherung kann jedoch von Institut zu Institut unterschiedlich ausfallen.

Vor der Entscheidung ist es also sinnvoll auf der Website www.einlagensicherung.de des Bundesverbands deutscher Banken e.V. zu prüfen, ob Ihr Geld bzw. Ihre Depotbestände beim neuen Anbieter im Falle einer Insolvenz ausreichend gesichert sind. Laut EU-Richtlinie von 2009 sind Einlagen in der EU bis zu einem Betrag von 100.000 Euro pro Person und Kreditinstitut gesetzlich gesichert. Sollte Ihnen das nicht ausreichen, wäre es sinnvoll zu prüfen, ob Ihr Institut ein freiwilliges Mitglied im Einlagensicherungsfonds des Bundesverbandes deutscher Banken ist. Hier sind Kundeneinlagen auch über die gesetzliche Sicherung von 100.000 Euro hinaus zusätzlich abgesichert.

4. Depoteröffnung

4.1 In 2 Schritten zum eigenen Wertpapierdepot

Sie sehen, der eigentlichen Depoteröffnung gehen viele Schritte und reifliche Überlegungen voraus. Dafür ist die tatsächliche Depoteröffnung dann alles andere als kompliziert. Wie gesagt, einen Großteil der Arbeit müssen Sie bereits im Vornherein erledigen. In 2 einfachen Schritten werden Sie nun erfahren, wie Sie Ihr eigenes Wertpapier-Depot eröffnen. Wenn Sie sich nach dem einschlägigen Vergleich der Konditionen- und Depot-Anbieter den für Sie passenden Broker herausgesucht haben, fehlen nur noch zwei Schritte zum ersten eigenen Wertpapierdepot:

1. Den Online-Eröffnungsantrag ausfüllen und

2. Das Post Ident- oder Video Ident-Verfahren zur Legitimation durchführen.

Beide Schritte werden nachfolgend genau besprochen.

4.2 Schritt 1: Online-Eröffnungsantrag ausfüllen

Natürlich können Sie zu Ihrer Hausbank gehen und dort um die Eröffnung eines Depots bitten, wenn für Sie der Wert der Beratungen die Kosten und Gebühren wieder aufwiegt. Aufgrund der Einfachheit und der besprochenen Kosten-Vorteile der Onlinebroker, beziehen sich die nachfolgenden Ausführungen auf die Online-Einrichtung eines Depots.

Nachdem Sie sich dank des Brokervergleichs (http://www.finanzen.net/online-broker-vergleich/) für einen entsprechenden (Online-) Broker Ihrer Wahl entschieden haben, besuchen Sie deren Website und geben Ihre persönlichen Daten in das Online-Formular ein (etwa unter comdirect.de, https://www.degiro.de/preise/handeln-bei-degiro.html, https://www.ing-diba.de/lp/direkt-depot oder https://www.flatex.de/depot-konto-eroeffnen/).

Neben Ihrer Anschrift, dem Geburtsdatum und Ihrem Familienstand werden Sie beim Eröffnen des Online Depots auch nach Ihren Erfahrungen im Handel mit Wertpapieren gefragt. Auf dieser Basis erstellt ihre zukünftige Bank ein Risikoprofil, anhand dessen sie festlegt, welche Wertpapiergeschäfte Sie ausführen dürfen und welche Anlageklassen nicht zu Ihnen und Ihrem Risikoprofil passen. So sollten gerade Einsteiger besser die Finger von hochspekulativen CFD (Contract for Difference) -Geschäften lassen.

Mit Antragstellung werden Sie ebenfalls aufgefordert, ein Verrechnungskonto anzugeben. Von diesem Verrechnungskonto, bei welchem es sich beispielsweise um Ihr normales Girokonto bei der Hausbank handeln kann, werden dann alle Ein- und Auszahlungen auf Ihrem neuen Online-Depot getätigt.

4.3 Schritt 2: Post Ident- oder Video Ident-Verfahren zur Legitimation

Nachdem Sie Ihren Kontoeröffnungsantrag vervollständigt haben, stehen Ihnen 2 Möglichkeiten der weiteren Vorgehensweise zur Verfügung. Damit die Bank sichergehen kann, dass es sich bei Ihrer Identität tatsächlich um Ihre Person handelt, müssen Sie sich gegenüber der Bank eindeutig legitimieren.

Dazu haben sich seit Jahren zwei unterschiedliche Verfahren etabliert. Zum einen können Sie den Vertrag ausdrucken, unterschreiben und damit in eine Filiale der Deutschen Post gehen. Dort werden Sie die Mitarbeiter nach Ihrem Ausweis fragen und mit Ihnen gemeinsam die weiteren Schritte des sogenannten *Post Ident*-Verfahren durchführen. *Post Ident* ist dabei eine sichere Methode zur Identifikation Ihrer Person.

Der Mitarbeiter der Deutschen Post AG ist speziell geschult und darf stellvertretend für den Auftraggeber anhand Ihres Personalausweises Ihre Identität bestätigen. Hierzu bekommen Sie direkt von Ihrer Bank mit den Auftragsunterlagen einen speziellen Code in Form eines *Post Ident*-Coupons, den Sie mit in die Filiale bringen müssen. Neben dem Coupon benötigen Sie also lediglich Ihren gültigen Personalausweis sowie den vollständig ausgefüllten und fertig unterschriebenen Antrag der Kontoeröffnung. Der Vorteil ist: Der Postangestellte versendet Ihre Unterlagen nach der Durchführung des *Post Ident*-Verfahrens automatisch und kostenfrei an Ihren neuen Wertpapierbroker. Alle weiteren Schritte leitet Ihre Bank oder Ihr Broker dann automatisch nach Erhalt der Dokumente ein. So bekommen Sie in der Regel nach einigen Tagen ein Begrüßungsschreiben, in dem auch die benötigten Konto- und Zugangsdaten Ihres neuen Wertpapierdepots enthalten sind.

Noch schneller geht die Identifikation per *Video Ident-Verfahren*. Dazu müssen Sie nicht einmal das Haus verlassen, denn Ihre Identitätsfeststellung findet bequem von zu Hause aus am PC oder Tablet statt.

Zur Identifikation benötigen Sie aber ebenso Ihren Personalausweis oder Reisepass sowie eine funktionierende Webcam samt Mikrofon und Internetverbindung. Dank der Webcam kann ein speziell im *Video Ident-Verfahren* ausgebildeter Mitarbeiter Ihr Ausweisdokument von beiden Seiten erfassen und dank der verschiedenen Sicherheitsmerkmale zudem auf Echtheit überprüfen.

Anschließend erhalten Sie per E-Mail oder SMS eine eigens generierte Transaktionsnummer (TAN), die Sie in einem hierfür vorgesehenen Formular eintragen. Damit ist das *Video Ident*-Verfahren innerhalb weniger Minuten abgeschlossen. Meist besteht die Möglichkeit, dass der Mitarbeiter bevollmächtigt wird, in Ihrem Auftrag den Eröffnungsantrag zu unterschreiben und so müssen Sie nicht einmal mehr zum Briefkasten und den Antrag dort einwerfen. Schneller geht es in der Regel nicht. Und auch beim *Video Ident*-Verfahren erhalten Sie wenige Tage später Ihre Zugangsunterlagen zugestellt. Welche Form der Identifikation Ihr Depot-Broker anbietet, erfahren Sie nach erfolgreicher Antragstellung. Wenn Sie keine Postfiliale in der Nähe haben oder es Ihnen die Zeit dorthin zu fahren nicht wert ist, so stellt das *Video Ident*-Verfahren die schnellste und bequemste Form der Legitimation dar. In wenigen Tagen werden Sie nun stolzer Besitzer eines neuen Aktien-Depots sein. Herzlichen Glückwunsch!

5. Persönliches Anlageziel klar definieren

Da Sie nun erfolgreich ein Depot eröffnet haben, kann es nun in wenigen Tagen richtig losgehen. Doch noch bevor Sie Ihren ersten Aktienkauf tätigen, sollten Sie sich Gedanken um Ihre eigentlichen Anlage-Ziele machen.

1. Wieviel Geld steht Ihnen für den Aktienkauf zur Verfügung?

2. Welches Risiko wollen Sie eingehen?

3. Welche mögliche Rendite erhoffen Sie sich?

Beantworten Sie daher zunächst die oben gestellten Fragen, bevor Sie sich blindlinks in einen nicht zu überblickenden Jungle aus Kursen, Zahlen, Hiobsbotschaften und Marktteilnehmern stürzen.

5.1 Wieviel Geld steht Ihnen für den Aktienkauf zur Verfügung?

Studien haben ergeben, dass 80-95 Prozent aller Anleger (je nach Studie und Betrachtungszeitraum sowie gehandelten Produkten) nach 3 Monaten bereits pleite sind. Fangen Sie daher gerade als Einsteiger eher mit kleinen Beträgen und Aktienkäufen an. Dies hat folgende zwei Vorteile: Zum einen lernen Sie eine Sache am besten, indem Sie sie tun. Das bedeutet, wenn Sie jedoch zu den 80-95 Prozent derjenigen gehören sollten, die nach 3 Monaten ihr gesamtes Kapital verzockt haben, dann fehlt Ihnen zusätzliches Vermögen, um weiter zu investieren und durch eigene Erfahrungen zu lernen. Zum anderen ist gerade an der Börse der folgende Grundsatz wahr: „Einfach zu lernen, schwer zu meistern". Die fundamentalen Grundlagen sind schnell erklärt. Das Thema ist jedoch unendlich komplex und so kommen auch Studien zu dem Ergebnis, dass es etwa 10.000 Stunden benötigt, um in einer Sache richtig gut zu werden. Sie dürfen also auf keinen Fall Ihr gesamtes Geld innerhalb von 3 Monaten verpulverisieren. Wenn Sie sich nach dieser Rechnung nur 3 Stunden täglich mit der Börse beschäftigen würden, dann bedeutet das dennoch, Sie bräuchten über 9 (!) Jahre, um richtig gut zu werden. Doch keine Sorge, in der Regel sind Sie schon viel früher in der Lage, profitabel zu handeln, gerade wenn Sie sich an die Tipps in diesem Buch halten. Jedoch sollten Ihnen klar sein, dass Sie sich noch ganz am Anfang Ihrer Börsenkarriere befinden. Wenn Sie es daher schaffen, dass sich Ihre Gewinne und Verluste in etwa aufwiegen und Sie Ihr eingesetztes Kapital lediglich erhalten, dann ist das durchaus ein Zeichen dafür, dass Sie schon sehr gut handeln.

Daraus ergibt sich eine weitere Prämisse, die Sie in Ihre Überlegungen, in den Aktienhandel einzusteigen berücksichtigen müssen: Investieren Sie nur das Kapital, auf das Sie kurzfristig nicht angewiesen sind! Bezugnehmend auf obige Frage 1 bedeutet das, dass sich Kurse und Märkte kurzfristig auch einmal gegen Ihre eigenen Überlegungen in die falsche Richtung entwickeln könnten. Sind Sie langfristig dennoch der Meinung, dass dies nur ein vorübergehender Einbruch ist, so zahlt sich ein langer Atem gerade an der Börse aus. Das bedeutet jedoch auch, dass Sie auf dieses Geld jedoch nicht angewiesen sein dürfen. Müssten Sie auf diese Sparanlagen kurzfristig zugreifen, so hieße das im Zweifel auch, mit Verlust zu verkaufen. Warren Buffets Goldene Regel dazu lautet: Verkaufen Sie nie mit Verlust!

Und nicht nur sollten Sie auf das Geld gerade nicht angewiesen sein: Unter keinen Umständen sollten Sie als Einsteiger den Wertpapierhandel mit Krediten durchführen. Sie sind noch ganz am Anfang und in einer Lernphase, in der Sie noch nicht alles wissen können und Fehler sehr kostspielig sind. Ein Aktienkauf auf Kredit ist wenn überhaupt nur für langjährige und erfahrene Anleger geeignet, die Ihr eingesetztes Kapital zusätzlich durch Fremdkapital verstärken (in der Fachsprache: *hebeln*) wollen.

5.2 Welches Risiko sind Sie bereit einzugehen?

In Fachkreisen unterscheidet man 2 verschiedene Vorsorge- bzw. Risikotypen:

a.) Sicherheitsorientiert

b.) Renditeorientiert

a.) *Sicherheitsorientiert* nennt man konservative oder risikoscheue Anleger. Eine aktuelle Allensbach-Umfrage oder die des F.A.Z.-Instituts zeigen deutlich: Die Sicherheit steht bei Anlegern bei der Altersvorsorge klar an erster Stelle – deutlich vor möglichen Renditechancen. Dabei halten 77 Prozent der Befragten ein hohes Maß an Sicherheit für besonders wichtig. Anders als bei klassischen Policen ist zwar bei Aktien der Kapitalverlust nicht ausgeschlossen. Auch eine sichere Verzinsung samt späterer Mindestrente gibt es im herkömmlichen Sinne bei Aktien nicht. Dennoch gibt es auch am Aktienmarkt hochspekulative Risikoprodukte sowie eher konservativere Anlagen.

Legen Sie daher im Vornherein fest, welches Risiko Sie einzugehen bereit sind. Wer in Aktien investiert, muss auch als sicherheitsorientierter Anleger mit zeitweisen Kursrückgängen rechnen und diese in seine Anlagestrategie sogar vorher einkalkulieren. Aktienkurse schwanken gerade in unsicheren Zeiten häufig stark, sodass aus einem Aktiendepotwert von 10.000 Euro binnen weniger Wochen nicht nur 12.000 Euro, sondern auch 8.000 Euro werden könnten. Grundsätzlich gilt wie überall, aber besonders an der Börse: Je höher die vermeintliche Chance eines Wertpapiers, desto größer ist auch das Risiko. Und ist eine Versprechung zu gut, um wahr zu sein, dann ist es das meist auch: Zu gut, um wahr zu sein!

b.) Auch für renditeorientierte Anlagetypen steht die Sicherheit seiner eingezahlten Gelder laut Studien an erster Stelle. Aber für Ihn sind neben dem Kapitalerhalt auch andere Prioritäten wichtig. Vor allem legt dieser Anlagetyp Wert auf die Erfolgsaussichten an den Kapitalmärkten. Dieser Anlegertyp kann nachgewiesen mit höheren Renditen rechnen als der rein sicherheitsorientierte Sparer, da er im Gegensatz zu ebigen auch bereit ist, stärkere Schwankungen seiner Investitionen in schlechten Börsenzeiten zu tragen. Generell gilt folgende Faustregel: Je jünger Sie sind, umso risikoreicher (= renditeorientierter) dürften Sie Ihre Produkte und Aktien auch auswählen.

Experten erklären das wie folgt: Ein junger Anleger hat noch viele weitere Lebens- und Anlagejahre vor sich und kann gegebenenfalls auch neben den Geschäften am Aktienmarkt noch zusätzliches Kapital erarbeiten und erwirtschaften. Ein älterer Anleger hat nicht mehr so umfangreiche Möglichkeiten und sollte daher in der Regel besonnener agieren.

5.3 Welche mögliche Rendite erhoffen Sie sich?

Diese Frage geht direkt einher mit der vorherigen: Überlegen Sie sich daher genau, welche Rendite Sie mit Ihren Börseninvestment in welchem Zeitraum anstreben. Setzen Sie etwa auf eine langfristige, sicherheitsorientierte Ausrichtung, dann wird Ihr Depot zwar nur langsam, dafür aber ohne nennenswerte riskante Ausreißer nach unten, wachsen. In Ihrem Wertpapierdepot sind durchschnittliche Renditeannahmen im Bereich von fünf bis zehn Prozent pro Jahr realistisch.

Setzen Sie jedoch auf kurzfristige Rendite sind auch Gewinne von 20% und mehr keine Seltenheit. Jedoch kann es aufgrund der spekulativeren, risikoorientierteren Ausrichtung auch mühelos 40-60 Prozent nach unten gehen. Bedenken Sie: Meistens scheitern Anleger an der Börse, weil sie zu schnell zu viel wollen und beispielsweise zu riskante Aktien kaufen. Auch Investoren-Legende Warren Buffett setzt beim Wertpapierhandel nicht auf schnelle Gewinne, sondern auf gute, grundsolide Unternehmen. Und nach über 60 Jahren als Anlageprofi gibt es kaum jemanden, der auf eine ähnlich lange Expertise zurückgreifen kann, wie Warren Buffett. Daher ist es nicht die schlechteste Idee, es ihm gleich zu tun. Dann können Sie zum einen beruhigt zu Bett gehen und der Erfolg stellt sich auf lange Sicht meistens von selbst ein.

6. Wertpapierdepot optimal zusammenstellen

6.1 Vorher ausführlich informieren

Da Sie die obigen Fragen nun beantwortet haben, können Sie sich der grundsätzlichen Zusammenstellung Ihres Wertpapierdepots widmen. Wie Sie nun bereits wissen, hängt Ihr langfristiger Erfolg an der Börse maßgeblich von einer klugen Anlagestrategie ab. Welche Wertpapiere Sie ins Auge fassen sollten, kommt zudem ganz auf Ihr persönliches Risikoprofil und Ihre Risikobereitschaft an. Während sicherheitsorientierte Anleger eher zu Aktien alteingesessener Firmen, Staatsanleihen oder Mischfonds greifen, setzen Anleger mit höherer Risikobereitschaft häufig auf Aktienfonds und ausgewählte Einzelaktien.

Als Einsteiger beim Aktienkauf können Sie das auf mögliche „*Wachstums-*" oder „*Value-*"-Aktien übertragen. Wachstumsaktien sind in unserer Zeit alle modernen Tech- und Startup Unternehmen von *Amazon*, über *Google*, *Facebook*, *Tesla* und *Snapchat*. Hier winken höhere Renditen bei gleichzeitig höherem Risiko.

Dieses minimieren erfolgreiche Aktionäre vor allem durch eine sogenannte *Diversifikation (*Streuung): Erfahrene Anleger setzen deshalb nie alles auf eine Karte. Warren Buffett sagt dazu metaphorisch: „Sie legen nicht alle Eier in einen Korb". Umsichtige Investoren kaufen dementsprechend Anteilsscheine unterschiedlichster Unternehmen aus ganz verschiedenen Branchen und Sektoren. Nur so können die eventuell entstehenden Verluste einzelner Aktientitel mit den Gewinnen aus anderen Investments wieder ausgeglichen werden. Denn am Ende ist es nicht wichtig, wie oft sie im Einzelnen richtigliegen. Sie sollten prozentual gesehen mit Ihrer Anlagestrategie nur mehr Gewinn als Verlust machen. Ob davon nun 3 Titel den Verlust von 8 anderen aufwiegen, oder der Gewinn von 9 Titeln den Verlust von 7 übersteigt ist für Ihre sogenannte Portfolio-*Performance* zunächst unerheblich. Wichtig ist, um profitabel zu sein, dass Ihre Gewinne Ihre Verluste am Ende übersteigen.

Haben Sie daraufhin für sich entschieden, welcher Anlegertyp Sie sind, können Sie entweder in risikoreichere Wachstumsmärkte (sogenannte „*Emerging Markets*") oder in bereits etablierte Märkte (sogenanntes „*Value Investing*") investieren. Wie Sie nun bereits wissen, ist der Vorteil einer Investition in „*Value-Aktien*", dass diese in der Regel im Vergleich zu Wachstumsaktien risikoärmer sind. Bei *Value-Aktien* investieren Sie beispielsweise meist in große, namhafte Unternehmen, die bereits lange in etablierten Märkten agieren und dort seit Jahren Marktführer sind oder eine Spitzenposition innehaben. Häufig bieten Sie auch höhere Dividendenzahlungen als Wachstumsaktien, was sich wiederum positiv auf Ihre Depot-Rendite auswirkt. Als nachteilig kann jedoch angesehen werden, dass Value-Aktien nicht so chancenreich sind, da das Betätigungsfeld des entsprechenden Unternehmens schon besetzt ist und eine gewisse Marktsättigung stattgefunden hat.

Daher kann es für Ihr Depot mitunter auch Sinn ergeben, Investments in Unternehmen zu tätigen, die in Wachstumsmärkten aktiv sind. Um die möglicherweise schmalen Renditen Ihrer konservativen

Aktienauswahl etwas zu unterstützen, kann es hier äußerst lukrativ sein zu investieren, da diese häufig noch jungen Unternehmen ihre Gewinne zumeist noch stark steigern können. Das wirkt sich in der Regel auch positiv auf den Aktienkurs des entsprechenden Unternehmens aus. Einerseits ist der Handel von Wachstumsaktien häufig chancenreicher, andererseits birgt er auch ein höheres Verlustrisiko. Daher: Nicht alle Eier in einen Korb legen!

6.2 Aktien beobachten

Bedenken Sie stets, dass die Börse keine Einbahnstraße ist: Wenn Sie als Käufer eine Aktie kaufen wollen so treffen Sie immer auf einen Verkäufer, der der Meinung ist, es ist besser, diese Aktie nicht mehr zu besitzen. Als Verkäufer geht es Ihnen später genau umgekehrt. Beobachten Sie mögliche interessante Aktien daher möglichst über einen längeren Zeitraum. Dazu bieten viel Anbieter eine sogenannte Watchlist an, auf der sie infrage kommende Aktien speichern können.

Hinterfragen Sie vor jedem Wertpapierkauf auch stets Ihre eigene Meinung und überlegen Sie, unter welchem Gesichtspunkt Ihr Gegenüber die Aktien verkaufen will. Wollen Sie Ihr Vermögen dank Aktien langfristig steigern, sollten Sie Ihre Investment-Entscheidungen daher sorgfältig treffen und sich bereits intensiv vor und auch noch nach dem Kauf stets über Ihre Wertpapiere auf dem Laufenden halten. Nur so lassen Sie sich nicht von Ihren Emotionen leiten und können klare und rationale Entscheidungen treffen.

Tipp: Werfen Sie unbedingt auch einen Blick auf die Investor Relations-Webseite des entsprechenden Unternehmens, in das Sie investieren wollen. So verschaffen Sie sich einen zusätzlichen Überblick über das Geschäft der Aktiengesellschaft. Auch auf den einschlägigen Finanzportalen wie boerse.de oder auf finanzen.net steht Ihnen ein umfangreiches Informationsangebot mit zahlreichen Kennzahlen, Unternehmensreports und -news sowie grafisch aufbereiteten Charts zur Kursentwicklung der Aktie des Unternehmens zur Verfügung. Neben Nachrichten, Informationen zur Kursentwicklung und weiteren Geschäftszahlen finden Sie dort auch Termine, Hintergrundinformationen und Einschätzungen von fachkundigen Analysten. Diese geben ebenfalls ständig aktualisierte Listen mit Kaufempfehlungen geeigneter Aktien heraus. Bevor Sie aber alles kaufen, was Ihnen angeboten wird, lohnt es sich die Werte auf Ihre Watchlist zu legen und zu beobachten wie verlässlich die Empfehlungen des entsprechenden Analysten sind. Sollte sich dieser bei Ihnen eine gute Reputation aufbauen, können Sie dies in Ihre Anlageentscheidung mit einfließen lassen. Die Watchlist ist neben Ihrem Echtgeld-Depot also eine zusätzliche Möglichkeit, Aktientitel zu einem bestimmten Kurs virtuell zu „kaufen" und die Wertentwicklung zu verfolgen, als hätten Sie die Aktie tatsächlich mit Ihrem echten Vermögen erworben. Zwar sind sich Experten einig, dass Anleger mit ihrem echten Privatvermögen anders agieren, als in ihrem Musterdepot. Gerade wenn Sie aber noch am Anfang stehen und Ihr finanzieller Spielraum nur eine geringe Auswahl an Titeln zulässt, kann die Watchlist Ihnen helfen, zusätzlich zu Ihrem Depot schon einmal über den Tellerrand zu blicken.

Dazu kommt, dass viele Einsteiger oftmals den gleichen Fehler beim Wertpapierhandel begehen: Sie investieren ihr Geld in nur einen Titel, meist auch noch in eine recht spekulative Aktie. Das kann sich mitunter lohnen, geht aber in den vielen Fällen schief. Vermeiden Sie daher zuallererst ein derartiges Einzelwerterisiko und die Gefahr, schon bei der nächsten Abwärtsbewegung oder einer negativen Unternehmensnachricht auf zweistellige Kursverlusten zu schauen. Setzen Sie nicht alles auf eine Karte und streuen Sie stattdessen Ihr Risiko. Um eben genau zu wissen, welchen Aktienwert Sie sich als nächstes ins Depot holen, ist der Einsatz Ihrer Watchlist unverzichtbar. Denn so haben Sie sich schon intensiv mit dem Wert in der Vergangenheit beschäftigt und mehrere chancenreiche Werte ausgewählt.

Ein weiterer äußerst wichtiger Vorteil eines Musterdepots oder einer Watchlist ist, dass Sie bereits vor dem eigentlichen Aktienkauf einen Test Ihrer eigenen Anlagestrategie vornehmen ohne echtes Geld zu verlieren (natürlich machen Sie auch keine Gewinne, doch Sie gewinnen an Erfahrung). Sich eine Wachtlist mit interessanten Werten oder ein Musterdepot anzulegen ist dabei neben dem echten Börsenhandel eine einfache und kostenlose Möglichkeit mit verschiedenen Börsenstrategien zu experimentieren, ohne dabei reales Geld einzusetzen und im schlechtesten Fall innerhalb weniger Monate pleite zu gehen.

6.3 Der erste Aktienkauf

6.3.1 Wertpapierkennnummer

Haben Sie nun Ihre persönliche Anlagestrategie gefunden und definiert, eine Auswahl an Aktien mehrerer Unternehmen über einen gewissen Zeitraum beobachtet und sich für den Kauf eines oder mehrerer Wertpapiere entschieden, so erfolgt nun im nächsten Schritt der eigentliche Wertpapierkauf. Dazu müssen Sie sich auf der Website oder in der App Ihres Browsers anmelden und in der Suchmaske nach dem Unternehmensnamen suchen.

Wenn Sie sich, wie besprochen, auf anderen Webseiten schon umfassend informiert haben und Ihnen vielleicht sogar eine Wertpapierkennnummer (WKN oder ISIN) vorliegt, so können Sie mit dieser Nummer auch direkt angeben, nach welcher Aktie Sie suchen. Die WKN ist dabei als die individuelle Nummer anzusehen, die eine Aktie eindeutig zuordnet. Sie können sich die WKN wie Ihr Nummernschild am Auto vorstellen.

Neben der WKN oder des Aktiennamens geben Sie nun ein, wie viele Stückzahlen einer Aktie erwerben wollen. Daraufhin zeigt Ihnen das System an, ob Ihr Konto über eine genügende Deckung verfügt.

6.3.2 Handelsplatz

Nun müssen Sie noch auswählen, über welche Börse Sie Ihr Wertpapier kaufen wollen. Irgendwo auf der Welt wird aufgrund der Zeitverschiebungen so gut wie immer eine Börse geöffnet (Zum Beispiel wird in Australien kräftig gehandelt, wenn es bei uns Nacht ist).

In Deutschland haben Sie dabei die Wahl zwischen der Börse Frankfurt, welche über die elektronischen Handelssysteme XETRA und EUREX verfügt und einen Großteil aller Börsengeschäfte in Deutschland abwickelt sowie einiger Regionalbörsen (Stuttgart, Berlin, Hannover, Düsseldorf, Hamburg …). Während in Frankfurt seit Einstellung des Parketthandels am 20. Mai 2011 der Handel nur noch über das elektronische XETRA-System stattfindet, erfreut sich der Präsenzhandel vor allem noch an den Regional- und Spezialbörsen in Deutschland großer Beliebtheit.

Die wichtigste elektronische deutsche Börse, die Börse Frankfurt mit Ihren Handelsplattformen Xetra und Eurex hat täglich von 9:00 Uhr bis 17:30 Uhr geöffnet. Darüber hinaus werden Börsenkurse aber schon ab 08:00 Uhr und bis 20:00 zur Verfügung gestellt. Die Börse Stuttgart ermöglicht eine Kauf- und Verkaufsausführung täglich sogar bis 22:00 Uhr. Um 15:30 Uhr deutscher Zeit öffnet dann in Amerika die weltweit wichtigste Börse, die „New York Stock Exchange". Hier herrscht nach wie vor täglich zwischen 9.30 Uhr und 16.00 Uhr (Ortszeit) reger Betrieb auf dem Parkett und das bereits seit dem Jahr 1792. Ebenfalls von 09:30 Uhr bis 17:30 Uhr deutscher Zeit können Sie in London Wertpapiere handeln. Und in der Nacht von 02:30 Uhr bis 08:00 Uhr deutscher Zeit hat dann auch die „Shanghai Stock Exchange" geöffnet. Und so kann sich die Börsenentwicklung eines Landes auf die Eröffnung oder den fortschreitenden Kursverlauf eines anderen Landes auswirken. Die Entwicklung der Börsen in Asien, wo die Börsen einige Stunden früher eröffnen als in Deutschland, kann also unmittelbare Auswirkungen auf die europäischen Börsen haben.

Aktien können Sie heutzutage also rund um die Uhr bei verschiedenen Handelsplätzen direkt handeln. Dabei findet der Handel an den Wertpapierbörsen wochentags weltweit einheitlich statt: von montags bis freitags. An Feiertagen bleiben auch die Börsen geschlossen und es kann nicht gehandelt werden. Aufgrund nationaler oder religiöser Feiertage ist dies in jedem Land unterschiedlich. Da sich Feiertage in

Deutschland zudem auch noch von Bundesland zu Bundesland unterscheiden, ist nicht automatisch jeder Feiertag in Ihrem Bundesland auch ein freier Tag an der Börse. Da der Sitz der Frankfurter Börse in Hessen liegt, bleibt die Börse beispielsweise geschlossen, wenn in Hessen ein gesetzlicher Feiertag ist. In den USA ist der Bundesstaat New York ausschlaggebend für einen Börsenfeiertag.

Viele Wertpapiere können Sie mittlerweile auch außerhalb der Börse und vor allem außerhalb der Börsen-Handelszeiten direkt bei Banken kaufen und verkaufen. Als Anleger sparen Sie beim außerbörslichen Direkthandel so zwar die sonst anfallenden Börsengebühren und etwaige Maklercourtage. Außerdem müssen ganz ungeduldige Anleger nicht darauf warten, bis Ihre Order an der Börse ausgeführt wurde. Die Aktienkurse werden in diesem Fall von einem sogenannte *Market Maker* bereitgestellt. Für Privatanleger ist diese Handelsoption nicht unbedingt empfehlenswert, da beim außerbörslichen Handel oft schlechtere Preise als über die normalen Börsenplätze verlangt werden. Die Bank als Handelspartner trägt nämlich ein wesentlich höheres Risiko, da die Börsen geschlossen sind und sie das Wertpapier erst zu einem späteren Zeitpunkt weiterverkaufen kann. Wie sich die Kurse bis dahin entwickeln, ist ungewiss. Somit sind die *Spreads* (also die Differenz zwischen An- und Verkaufspreis) beim Wertpapierhandel außerhalb der regulären Börsenzeiten naturgemäß deutlich höher.

6.3.3 Orderaufgabe

Das Prinzip Ihrer Kauf- oder Verkaufsorder ist einfach erklärt: Sie haben sich für eine Aktie entschieden und stellen in der Ordermaske Ihres Online-Brokers eine Preisanfrage für beispielsweise 20 Stück

Siemens-Aktien. Der Handelspartner Ihrer Depotbank teilt Ihnen dann einen unverbindlichen Kauf- oder Verkaufspreis mit. Da sich die Kurse an der Börse schnell ändern können, bleiben Ihnen nun nur wenige Sekunden Zeit, sich für das Angebot zu entscheiden. Ansonsten können Sie anschließend eine neue Preisanfrage stellen. Auch wäre es möglich, bequem und direkt mit der *emittierenden* (ausgebenden) Bank, dem sogenannten *Emittenten*, zu handeln. Voraussetzung ist, dass Ihre Depotbank einen solchen außerbörslichen Direkthandel mit diesem Emittenten unterstützt. Im Bestfall haben Sie das bereits vor Eröffnung des Wertpapierdepots geprüft.

Bei Standardwerten wie großen Unternehmen aus dem DAX oder dem amerikanischen Pendant (Dow Jones Industrial Average) sind Preisunterschiede in der Regel vernachlässigbar. Bei Aktientiteln mit geringerem Handelsvolumen sollten Sie hingegen stets prüfen, dass Sie eine Börse wählen, an dem Ihr gewähltes Wertpapier oft gehandelt wird, damit Sie einem marktgerechten Preis bekommen. Welcher Handelsplatz dabei der günstigste ist, hängt von vielen Faktoren ab. Vor allem Ihr geplantes Volumen (also die Stückzahl und der Preis) für den Wertpapierhandel, die Courtage (Vermittlerprovision des Maklers) und der Spread (also die Differenz zwischen An- und Verkaufskurs) sind hier entscheidend.

Tipp: Bezugnehmend auf das Beispiel der Siemens-Aktien oben, wählen Sie daher im Bestfall immer einen Börsenhandelsplatz, an dem Ihre Aktie auch rege gehandelt wird (meistens die Börse des Landes, in dem das Aktienunternehmen auch seinen Hauptsitz hat; Siemens = Deutschland) und hohe Börsenumsätze mit der Siemens-Aktie gemacht werden. Ebenfalls wichtig beim Kauf und -Verkauf ist, dass Sie ein Limit (eine Preisgrenze) eingeben. So stellen Sie sicher, dass Sie für Ihren Kauf einen Höchstpreis festlegen, zu dem Sie bereit sind, die Siemens Aktie zu kaufen bzw. einen Mindestpreis eingeben, für welchen Sie maximal bereit wären, die Siemens-Aktie zu verkaufen. Bei modernen Brokern mit Top-Konditionen zahlen Sie für das Setzen, Ändern oder Streichen solcher Limits in der Regel keine Gebühren.

6.3.4 Depotentwicklung weiter genau beobachten

Nachdem der Kauf bzw. Verkauf an der Börse oder mit Ihrem Direkthandelspartner ausgeführt wurde, werden Ihnen die entsprechenden Aktien elektronisch ins Wertpapierdepot eingebucht. Nun ist die Arbeit jedoch nicht getan, denn der Kurs Ihrer Aktien wird von vielen Faktoren positiv und negativ beeinflusst. Vor allem erfreuliche Unternehmens-Nachrichten und gute Geschäftszahlen führen häufig zu Kursanstiegen, schlechte Unternehmensberichte und Quartalsabschlüsse mit einbrechenden Gewinnen gehen dagegen eher mit Kursverlusten einher.

Aber auch andere Nachrichten, die nicht direkt mit Ihrem ausgewählten Unternehmen in Verbindung stehen, beeinflussen häufig den zugehörigen Aktienkurs. So kann die Aktie eines Kfz-Herstellers aus China deutlich zulegen, wenn die allgemeine Wirtschaftslage in China positiv ist und durch gute Konjunkturnachrichten weiter angekurbelt wird. Bei eher schlechten Nachrichten hingegen kann der Aktienkurs des Autobauers nach unten nachgeben. Und so sollten Sie sich trotz dessen, dass Aktien in der Regel als langfristige Geldanlage zu sehen sind über aktuelle Wirtschaftsentwicklungen und Ihre Aktien auf dem

Laufenden halten. Auf verschiedenen Börsen-Portalen und in vielen Finanz-Apps finden Sie ständig aktualisierte Marktberichte. Damit können Sie sich ganz einfach informieren lassen, sobald es zu Ihren Aktien Neuigkeiten gibt.

7. Aktien-Strategien

7.1 Gewinne laufen lassen, Verluste begrenzen

Wie Sie bereits in dem Kapitel „Trading vs. Investieren" erfahren haben, zielt der kurzfristige Trader eher auf die schnelle Rendite. Investoren hingegen sind darauf aus, langfristig in erfolgreiche Unternehmen zu investieren. Ihnen ist es wichtig über den Kauf von Aktien am Erfolg des Unternehmens teilzuhaben.

Dennoch ist es auch bei langfristig angelegten Investitionen ratsam, diese zu hinterfragen, wenn der Erfolg ausbleibt oder die Aktie in die falsche Richtung läuft. Erfahrene Anleger handeln daher nach dem alten Motto: *„Gewinne laufen lassen, Verluste begrenzen"*.

Das bedeutet, dass ein echter Investor schon beim Aktienkauf den maximalen Verlust bestimmt, den er bereit ist hin zunehmen. Unerfahrenen Anlegern hingegen macht die Psychologie und Emotion aber einen Strich durch die Rechnung. So realisieren sie ihren Handelsgewinn häufig schon nach nur kleineren Kurszuwächsen, anstatt darauf zu vertrauen, dass der Kurs noch weiter steigt. Bei Kursverlusten verkaufen sie hingegen nicht frühzeitig genug und hoffen, dass der Kurs wieder dreht und steigt. Nicht selten häufen sich so schnell hohe Verluste an.

Um Verluste zu begrenzen bietet sich ein weiterer Börsenausspruch: So wie Sie Gewinne laufen lassen sollten, so sagt man mit ähnlicher Bedeutung: *„Schmeißen Sie schlechtem Geld kein gutes hinterher"*.

Wenn Sie also merken, dass sich ein Investment als Fehlinvestition erweist, dann investieren Sie auf keinen Fall weiteres Vermögen, nur in dem Glauben, so die bereits entstandenen Verluste wieder wett zu machen. Im Bestfall lassen Sie es also gar nicht erst soweit kommen.

Tipp: Wie Sie Ihre Verluste begrenzen können, sei hier nun kurz erklärt: Profitieren sie von erfahrenen Anlege und tun Sie es Ihnen gleich: Setzen Sie sich Ihr Verkaufslimit etwa 20 Prozent unterhalb Ihres Einstiegsniveaus (oder alternativ dem Prozentsatz, den Sie maximal bereit sind, zu verlieren). Läuft Ihre Aktie dagegen in die von Ihnen gewünschte Richtung, so machen Sie Gewinne und ziehen Ihr prozentuales Ausstiegslimit mit der Zeit einfach entsprechend des neuen Hochpunktes nach. So tappen Sie nicht in die Falle, bei größeren Kurseinbrüchen Ihre vorher erzielten Gewinne wieder komplett zu verlieren, sondern der Computer würde sozusagen rechtzeitig auf dem Rückweg nach unten automatisch die Notbremse ziehen und verkauft dann eigenständig beim eingestellten Limit Ihre Aktien, so dass Sie nicht unter Ihren Einstandkurs zurückfallen und dennoch in der Gewinnzone sind.

7.2 The Trend is your friend

Die Börsenweisheit „The Trend is your friend" besagt, es ist statistisch wahrscheinlicher, dass eine Entwicklung, die schon länger besteht auch noch eine Weile fortwährt, als dass er sofort ein Ende findet. Aus diesem einfachen Grund ist es nicht ratsam, gegen den Trend zu handeln, sollte es keine klaren Anzeichen für eine Trendumkehr geben. Wie bereits angesprochen, lässt sich daraus die Botschaft ableiten, Gewinne stets so lange laufen zu lassen, bis sich eine Trendwende abzeichnet.

Speziell für Abwärtstrends gibt es ergänzend zur Weisheit „*The Trend is your friend*" die Empfehlung: „*Nie in ein fallendes Messer zu greifen*". Das bedeutet, wenn Kurse bereits seit Tagen, Wochen und Monaten im Sturzflug in den Keller gehen, dann zeichnet sich ein negativer Trend ab.

Und es ist mitunter sehr wahrscheinlich, dass sich auch dieser Trend fortsetzen wird. Sie sollten daher generell nicht gegen den Trend investieren, sondern auf die Schwarmintelligenz der Massen vertrauen. Das muss nicht immer stimmen, die Vergangenheit hat jedoch oft genug gezeigt, dass Trends schon lange vor dem eigentlichen Ereignis (eines Crashs, eines neuen Hochpunktes, usw.) erkennbar sind bzw. sich dank diverser Muster im grafischen Chart der Aktien als deutliche Auf- oder Abwärtslinie abzeichnen.

Ein Problem der Trendfolge ist, dass nicht immer ein klarer Trend erkennbar ist. Es gibt Aktienkurse, die sich über Monate seitwärts entwickeln, bei denen also weder große Ausschläge nach oben, noch Kursentwicklungen nach unten der Fall sind. Mit dem Modell der Trendfolge fällt es so sehr schwer, Investitionsentscheidungen zu treffen, da kein klarer Trend mehr sichtbar ist, die Aktie steigt weder, noch sinkt sie.

Und schließlich weiß niemand, wann der Trend nun endet. Der Kursverlauf sendet dabei oft kein eindeutiges Signal, welches dann zum rechtzeitigen Verkauf der Aktie aufrufen würde. Zum Teil ist ein Trend daher auch erst im Nachhinein als solcher von Anlegern zu identifizieren. Mehr noch: Gerade in Umbruchzeiten schwanken die Kurse der Unternehmen so stark, dass kein eindeutiger Trend auszumachen ist. Sich allein auf die Trendanalyse zu verlassen, wäre daher nicht der richtige Handelsansatz für Aktien-Einsteiger. Neben den bereits besprochenen Punkten wie Unternehmenkennzahlen, Geschäftsmodell und Geschäftsberichte, Nachrichten und der Markt- und Konkurrenzsituation gibt es viele weitere Faktoren die Anleger im Blick behalten müssen.

Welche Art der Unternehmens- und Aktienauswahl Ihnen und Ihrem Handels- und Zeitaufwand liegt, ist so individuell wie jeder Mensch selbst und muss ich erst in Ihrem eigenem jahrelangen Aktienhandel herauskristallisieren. Manche Profis vertrauen allein auf die *Fundamentalanalyse* (Unternehmenskennzahlen als Indiz für das Entwicklungspotenzial in der Zukunft), andere verlassen sich auf die Charttechnik (Muster im grafischen Darstellungsverlauf des Aktienkurses entdecken) und wieder andere prüfen jede Einzelinvestition mit einer Reihe an Indikatoren und Zusatzsoftware. Was Sie davon brauchen und was nicht, hängt ganz allein von Ihren persönlichen Interessen und Empfinden ab.

7.3 Passiv investieren

Eine in den letzten Jahren sehr populär gewordene Form des Investierens ist das *passive Investieren*. Hierbei suchen Sie sich gar nicht gezielt einzelne Aktien heraus (sogenanntes „*Stock picking*"), sondern setzen auf die Durchschnittsrendite eines ganzen Marktes, etwa des deutschen DAX'. Anleger wollen hier also gar keine bessere Rendite durch die gezielte Auswahl Ihrer Aktien erreichen („*outperforming*"), sondern sie vertrauen darauf, dass in einer kapitalistischen Marktwirtschaft alle großen und gut geführten Unternehmen immer weiter wachsen und Gewinne erzielen wollen. Beim Wertpapierhandel durch passive Investments profitieren Anleger also von der Gesamtwirtschaft. Diese Wertpapiere heißen beispielsweise ETF (Exchange Traded Funds) oder Indexzertifikate und haben lediglichd die Aufgabe, die Wertentwicklung des zugrundeliegenden Indexes abzubilden (also beispielsweise, den Kursanstieg oder -fall des DAX).

Gerade zum langfristigen Vermögensaufbau können diese Papiere eine Alternative sein, bieten sie Anlegern eine breite Risikostreuung in unterschiedlichste Unternehmen und Sektoren, bei nur einem Investment. Da Indexfonds wie ETFs keine erfahrenen Fondsmanager bezahlen müssen, weil die Abbildung der Wertentwicklung kostengünstig und computergesteuert erfolgen kann, ist im Vergleich zu anderen Fonds mit deutlich niedrigeren Kosten (meist 0,25 Prozent anstatt 2-5 Prozent) zu rechnen. Zwar ist mit einem Indexfonds keine überdurchschnittliche Kursentwicklung möglich, da immer nur der zugrundeliegende Aktienmarkt (z.B. der deutsche DAX, der amerikanische Dow Jones) abgebildet wird. Es ergibt sich im Vergleich zu Mischfonds oder Einzelaktien jedoch auch eine vergleichsweise geringere Schwankungsbreite und damit auch ein geringeres Verlustrisiko.

7.4 Sell in May and go away

„Sell in May and go away - but remeber, to come back in September" lautet ein weiterer bekannter Ausspruch unter Börsianern und bezeichnet ein Phänomen überdurchschnittlich hoher Kapitalmarktrenditen in

den Monaten Oktober bis April. Demnach konnten in den Wintermonaten in 37 Ländern überdurchschnittliche hohe Renditen erzielt werden. Daher wird beim *Sell-in-May-Effekt* häufig auch vom *Halloween-Effekt*, vom *Wintereffekt* oder von der Jahresendrallye gesprochen.

„Verkaufe im Mai, aber vergiss nicht, im September wieder zu kommen" spielt somit darauf an, die aufgelaufenen Gewinne der Wintermonate im Frühjahr zu veräußern und das gleiche Spiel dann im September erneut durchzuführen. Trotz Berücksichtigung von verschiedenen Szenarien, Kapitalmarktschocks, des Januareffekts und hoher Transaktionskosten war eine solche *Sell-in-May-Strategie* gegenüber einem konsequenten Kaufen und Halten (*Buy-and-Hold*) -Strategie ohne Gewinnrealisierung im Mai geringfügig im Vorteil. Dennoch ist darauf zu achten, dass Mehrkosten in Form von Transaktionskosten, Gebühren und versteckten Kosten die Erträge stark beeinflussen können.

7.5 Technische Analyse

Die Technische Analyse ist eine Art der Aktienanalyse, bei der die bereits zurückliegende Entwicklung des Aktienkurses untersucht wird. Mit Hilfe des Aktiencharts versuchen Analysten Rückschlüsse auf das zukünftige Gewinnpotenzial zu ziehen. Deshalb wird die technische Analyse oft auch als „Chartanalyse" oder „Charttechnik" bezeichnet. Experten gehen davon aus, dass bestimmte Aktienkurs- bzw. Graph-Informationen Hinweise über eine mögliche Kursentwicklung in der Zukunft geben. Durch die genaue Untersuchung eines zugrundeliegenden Aktiencharts versucht man, nützliche Handelssignale zu erhalten, typische Formationen und Muster wiederzuerkennen und so

Aktien für Einsteiger

günstige Kauf- und Verkaufszeitpunkte zu finden.

Auf vielen Finanzseiten können Sie sich schnell und unkompliziert die aktuellen Aktiencharts anzeigen lassen und auch Ihr Wertpapier-Broker bietet diese an. Eine Auswertung dieser grafischen Darstellung müssen Sie hingegen selber vornehmen, oder diverse Charttechnik-Tools und Software benutzen. Oft können Sie weitere Indikatoren in den Chart einblenden, um so Trends, oder andere fundamentale Eckpunkte (wie den sogenannten *Widerstand,* die *Trendlinie,* die *Unterstützung,* oder den *gleitenden Durchschnitt)* angezeigt zu bekommen.

7.6 Fundamentalanalyse

Viele Börsenexperten erachten es als nicht ratsam, sich nur auf eine Analysemethode zu beschränken. Empfehlenswert ist neben der Charttechnik auch die Fundamentalanalyse, welche als Börsenstrategie diverse fundamentale Aktiendaten untersucht. Auch diese Strategie will herausfinden, ob aktuell ein Kauf bzw. Verkauf sinnvoll erscheint. Dabei werden auch aus der Vergangenheit Rückschlüsse auf die zukünftige Entwicklung gezogen. Es wird aber vielmehr der „inneren Wert" einer Aktie ermittelt. Konkret bedeutet das, die Fundamentalanalyse untersucht, wie erfolgreich das tatsächliche Unternehmen ist, welches hinter der Aktie steht.

Anleger konzentrieren sich bei der Untersuchung somit mehr auf den tatsächlichen wirtschaftlichen Erfolg der Firma als lediglich auf die reine Entwicklung der Aktie in der Vergangenheit zu schauen. Diese Wirtschafts- bzw. Erfolgsdaten werden dann unter anderem mit dem aktuellen Aktienkurs verglichen, damit sich eine angemessene Bewertung bzw. der faire Preis der Aktie ermitteln lässt. Um herauszufinden, ob die Aktie zum aktuellen Kurs günstig (unterbewertet), fair (gerecht bewertet) oder zu teuer (überbewertet) ist, wird zum Beispiel das Kurs-Gewinn-Verhältnis (kurz: KGV) ermittelt. Daneben lassen sich beliebig viele weitere dynamische Fundamentalkennzahlen in die Aktienbewertung mit einbeziehen, wie etwa der Cash-Flow je Aktie, die Dividendenrendite, die Dividende je Aktie oder der Gewinn je Aktie.

Die Idee hinter der Fundamentalanalyse ist, Aktien besonders erfolgreicher Unternehmen zu finden und diese zu einem aktuell noch (relativ) niedrigen Kurs zu kaufen. Anleger haben die Hoffnung, dass der aktuell niedrige Kurs daraufhin langfristig gesehen steigen wird, da die Firma aktuell noch enormes Wachstumspotenzial hat.

Zahlreiche Börsenstrategien (wie die Value-Strategie und die Dividendenstrategie) basieren auf der Untersuchung verschiedener Fundamentaldaten, um so vielversprechende, unterbewertete Aktien aufzuspüren. Für welche Strategie Sie sich nun letztendlich entscheiden oder wie Sie die Strategien kombinieren, das hängt von Ihnen und Ihren Präferenzen ab.

8. Aktiengewinne versteuern

Nachdem Sie sich nun also durch den Jungle an Kosten, Gebühren, Wagnissen und Stolperfallen gekämpft haben, kommt soeben die nächste schlechte Nachricht: Nur ein Teil Ihrer Aktiengewinne, sind steuerfrei.

Alles, was Sie mit einer Geldanlage verdienen, unterliegt der Kapitalertragssteuer. Das heißt, nicht nur Aktien, sondern eventuell auch Mieteinnahmen, Bausparverträge und andere Gewinne und Erträge unterliegen der Kapitalertragssteuer. Häufig wird diese auch Abgeltungssteuer genannt.

Der Steuersatz beträgt für jeden Steuerpflichtigen 25 Prozent. Hinzukommen kommen darüber hinaus noch der Solidaritätszuschlag (5,5 Prozent des Steuerbetrags aus Einkommen-, Kapitalertrag- und Körperschaftsteuer) und je nach Kirchenzugehörigkeit die Kirchensteuer (Zuschlag in Höhe von 8 - 9 Prozent (je nach Bundesland) auf die bereits berechnete Einkommensteuer). Insgesamt können Anleger also mit rund 26 bis 28 Prozent Steuern rechnen, die Ihren Gewinnen am Ende abgezogen werden.

Die Abgeltungssteuer ist eine Quellensteuer. Das bedeutet, Sie müssen sich um die Besteuerung nicht selbst kümmern, sondern sie wird direkt von der Quelle (ergo der Bank) - an Ihr zuständiges Finanzamt weitergeleitet. Seit der Einführung der Abgeltungssteuer am 1. Januar 2009 können auch keine Werbungskosten mehr geltend gemac werden. So können Sie etwaige Kosten für das Depot nicht mehr von der Steuer absetzen. Glücklicherweise wird in Deutschland jedoch nur die Differenz aus Ihren Gewinnen und Verlusten besteuert, die Sie beim Kauf und Verkauf von Aktien gemacht haben.

Einen kleinen Lichtblick gibt es dennoch: Dank des sogenannten *Freistellungsauftrages* dürfen Anleger laut Gesetz aktuell 801 Euro steuerfrei einnehmen (bei gemeinsamer Steuererklärung mit dem Ehepartner gelten 1602 Euro). Dieser so genannte Sparerpauschbetrag hat mit der Einführung der Abgeltungssteuer den Sparerfreibetrag abgelöst.

Um den Sparerpauschbetrag in voller Höhe auszunutzen und damit Ihre ersten 801 Euro Gewinn gar nicht erst an das Finanzamt fließen zu lassen, sollten Sie unbedingt einen *Freistellungsauftrag* ausfüllen und bei Ihrem Depotanbieter einreichen. Diesen bekommen Sie bei Ihrem Anbieter, Ihrer Bank oder auf deren Internetseiten kostenfrei zum Download angeboten. Sollten Sie mehrere Depots haben, so lohnt es sich, auch für jedes Institut einen Freistellungsauftrag einzureichen. Teilen Sie dabei den Sparerpauschbetrag so auf, dass Ihre voraussichtlichen Einkünfte auf allen Konten abgedeckt sind. Sollte Ihnen ein Fehler unterlaufen und Sie haben am Jahresende zu viel Steuern gezahlt, so können Sie sich diese mit Ihrer Steuerklärung und der Anlage KAP (Einkünfte aus Kapitalvermögen) natürlich zurück holen.

Schlusswort

Aktien sind das Fundament der Börse. Und wer an der Börse mit Aktien handelt, der braucht starke Nerven: Denn Aktienkurse schwanken mitunter heftig auf und ab und neben hohen Renditen lauern leider auch ebenso große Risiken.

Trotzdem gelten Aktien als interessante und lukrative Geldanlage. Gerade für Anleger, die nicht nur auf kurzfristige Traumgewinne schielen, sondern umsichtig bei der Depot-Zusammenstellung zu Werke gehen und sich mit DAX, Märkten und Kennzahlen auseinandersetzen wollen, kann das Geschäft an der Börse ein erfolgsversprechendes sein.

Wer jedoch glaubt, an der Börse über Nacht reich zu werden, der wird schneller ein böses Erwachen erleben, als ihm lieb ist. Neben vielen Kleinanlegern agieren an der Börse Großinstitutionen, Hedgefondmanager, Banken und Computer, die in Sekundenbruchteilen einen Kauf- und Verkaufsauftrag abgeben. Wenn Sie denken, dass Sie schlauer oder schneller als diese Big Player sind, dann haben Sie bereits verloren und Ihr Übermut und Ihre mangelnde Selbstreflexion wird Sie zügig auf den harten Boden der Realität zurückholen.

Denn an der Börse wird nicht nur mit Werten gehandelt, sondern auch mit Emotionen. Und wer meint, emotionslos wie ein Roboter handeln zu können, der hat entweder jahrelang diszipliniert seine eigenen Handelsregeln aufgestellt und hält sich daran oder macht sich eben selbst etwas vor.

Auch die erfahrensten Profis geben zu, mitunter emotionsgeladen zu kaufen oder zu verkaufen. Aktienanleger sind ebenso nur Menschen und die meisten Menschen sind emotionsgeladen und machen Fehler. Mit jeder Aktienauswahl verbinden Anleger Wünsche, Ziele, Träume oder Überzeugungen.

Und wenn nun die breite Masse der Börsenanleger und Investoren glaubt, ein Unternehmen sei überbewertet, dann können die Quartals- und Geschäftszahlen noch so gut sein, der Aktienkurs kann meist völlig irrational und grundlos an der Börse abgestraft werden und zweistellige Prozentwerte abwärts gehen.

Eine eigene Handelsstrategie zu entwickeln, diese auf Erfolg zu testen, zu optimieren und zu perfektionieren ist daher die vorrangige Aufgabe eines jeden Anlegers. So behalten Sie auch in stürmischen Börsenzeiten die Ruhe und Übersicht. Als etwa die Bohrinsel „Deepwater Horizon" von BP im Frühjahr 2010 mehr als 80 Tage in Flammen stand, war das zweifelsohne eine beispiellose Katastrophe für Mensch und Natur. Der Aktienkurs von BP brach daraufhin auf 1/3 des ursprünglichen Wertes ein. Trotz dessen, dass BP ein Multimilliarden Dollar Konzern mit einem damaligen Jahresgewinn von 15 Milliarden Dollar war und die Reinigungskosten von 4 Milliarden problemlos hätte stemmen können. Auch die VW Aktie ist seit dem Abgasskandal im Rückwärtsgang und rutschte seither um ein Viertel nach unten. Und das, obwohl der Konzern einen Jahresumsatz von über 200 Milliarden und einen Jahresgewinn von rund 10 Milliarden einfuhr und Rückstellungen in Höhe von 18,2 Milliarden Euro für Klagen und Folgen der Dieselabgasmanipulationen gebildet hatte. Nach jetzigem Stand könnten die Vergleiche lediglich bis zu 16,5 Milliarden Dollar kosten und der Absatz in China bringt nach wie vor eine starke zusätzliche Rendite ein. Die tatsächlichen wirtschaftlichen Entwicklungen der Unternehmen spiegeln sich also nicht immer im Aktienkurs wider.

Sie sehen also, der Aktienhandel an der Börse ist zwar einerseits Vermögensanlage und Altersvorsorge zugleich, andererseits sind die Unternehmen und Werte aber auch Spielbälle der Investoren. Und wer sich auf kurzfristige Spekulationen einlässt, für den kann es auch zu herben Rückschlägen kommen.

Die Kursentwicklung der vergangenen Jahre belegt, dass mit einer langfristig orientierten Anlage das Risiko von Aktien deutlich verringert werden kann. Wie Sie in diesem Buch am Beispiel des DAX lernen, empfiehlt es sich besonders, auf lange Sicht in Wertpapiere zu investieren. Wer 15 Jahre oder länger an der Börse investiert war, konnte in der Vergangenheit mit einem breit gestreuten Aktiendepot eine durchschnittliche Jahresrendite von über 8 Prozent erzielen. Darin eingerechnet sind 2 Finanzkrisen mit zwischenzeitlichen Verlusten von über 40 Prozent. Doch das sollte Sie nicht weiter interessieren. Sie haben gelernt, dass diese Verluste nur so genannte Buchverluste sind und erst tatsächlich entstehen, wenn Sie eine Aktie auch verkaufen. Alles andere sind nur virtuelle Zahlen in einem System.

Und daher konnte dieses Buch nicht oft genug deutlich machen, dass Sie nur Geld investieren sollten, auf das Sie für einige Jahre verzichten können. Hierzu ein einfaches Rechenbeispiel: Hätten Sie ein Anfangsvermögen von 10.000 Euro genommen und in den DAX bzw. die im DAX enthaltenen Unternehmen investiert, so wäre dieses Geld bei einer durchschnittlichen Rendite von 8 Prozent innerhalb der letzten zehn Jahre auf 21.589 Euro angewachsen, was mehr als einer Verdopplung entspricht.

Doch niemand weiß, welch stürmische und ungewisse Zeiten vor uns liegen. Langfristig betrachtet, ist eine Investition in Aktien alles andere als leichtsinniges Zocken und Spekulation. Und dank dieses Buches haben Sie nun die Grundlagen erlernt, um noch heute mit dem Wertpapierhandel zu beginnen,

Sie haben verstanden, dass sich Geduld an der Börse bisher immer ausgezahlt hat. Kurssteigerungen von Wertpapieren erfolgen oft mit zeitlichen Verzögerungen. Und wenn Sie den Anlagetipps folgen und Ihre Aktienanlagen breit über mehrere Unternehmen, Marktbereiche und Sektoren streuen sowie für mehrere Jahre investieren, so wird aus dem Risiko kurzfristiger Aktieninvestments eine langfristige Berechenbarkeit. Nur so werden Aktien mit einem vertretbaren Chancen-Risiko-Verhältnis zu einem Instrument der Vermögensanlage und ergänzender Altersvorsorge.

Auch haben Sie erfahren, dass Sie für Ihr erstes Börsen-Investment überhaupt kein großes Vermögen benötigen. Schon ab 25 Euro können sie beginnen, sinnvoll ein Aktiendepot aufzubauen. Um dennoch die Kosten und Gebühren gering zu halten, lohnt sich ein Blick auf Aktien-Sparpläne, die Ihnen in der Regel kostenfrei angeboten werden. Auch hier gilt, entscheidend für den Erfolg an der Börse ist nicht das Einstiegskapital, sondern das regelmäßige Besparen Ihres Aktiendepots, ein langfristiger Anlagehorizont und eine gute Streuung in verschiedene Werte.

Achten Sie bei der Auswahl Ihrer zukünftigen Depot-Bank oder Ihres Online-Brokers daher darauf, dass dieser Sparpläne kostenlos anbietet, mit denen Sie einen regelmäßigen, festen Betrag in Aktien oder Fonds investieren können. Damit lässt sich auf lange Sicht eine nicht unerhebliche Sparsumme erzielen, die im Alter als zusätzliche private Rente genutzt werden kann. Dank des Zinseszinseffekts und des Durchschnittspreises sowie der Dividentenzahlungen wächst Ihr Vermögen exponentiell. Am Anfang nur langsam, je mehr Sie jedoch ansparen umso stetiger wächst Ihr Betrag, da die aufgelaufenen Erträge und Zinsen direkt wieder mit reinvestiert werden sollten.

Investitionen in börsennotierte Unternehmen eignen sich somit für alle, die ihre Vermögensanlage selbst und einfach in die Hand nehmen wollen. Dank des Buches „Aktien für Einsteiger: Der leichte Einstieg in die Börse und den Handel mit Aktien" haben Sie nun das Handwerkszeug erhalten und sind fit, um bereits heute erfolgreich Ihr erstes Aktien-Depot zu eröffnen. Dabei wünsche Ich Ihnen viel Erfolg, ein gutes Händchen bei der Aktienauswahl und allzeit gutes Gelingen.